U0074324

增刪卜易之六爻古今分析

心一堂當代術數文庫 占筮類

愚人 著

書名：增刪卜易之六爻古今分析
系列：心一堂當代術數文庫・占筮類
愚人　著
責任編輯：陳劍聰

出版：　心一堂有限公司
地址/門市：香港九龍旺角西洋菜南街5號好望角大廈1003室
電話號碼：(852) 6715-0840　　(852)3466-1112
網址：www.sunyata.cc　publish.sunyata.cc
電郵：sunyatabook@gmail.com
網上書店：　　　　　　　http://book.sunyata.cc

香港及海外發行：香港聯合書刊物流有限公司
香港新界大埔汀麗路36號中華商務印刷大廈3樓
電話號碼：(852)2150-2100
傳真號碼：(852)2407-3062
電郵：info@suplogistics.com.hk

台灣發行：秀威資訊科技股份有限公司
地址：台灣台北市內湖區瑞光路七十六卷六十五號一樓
電話號碼：+886-2-2796-3638
傳真號碼：+886-2-2796-1377
網絡書店：www.bodbooks.com.tw
心一堂台灣國家書店讀者服務中心：
地址：台灣台北市中山區二0九號1樓
電話號碼：+886-2-2518-0207
傳真號碼：+886-2-2518-0778
網址：www.govbooks.com.tw

中國大陸發行 零售：心一堂
深圳流通處：中國深圳羅湖立新路六號東門博雅負一層零零八號
電話號碼：(86)0755-82224934
北京流通處：中國北京東城區雍和宮大街四十號
心一堂官方淘寶流通處：http://sunyatacc.taobao.com/

版次：二零一六年五月初版

平裝

　　　港幣　　　一佰四十八元正
定價：人民幣　　一佰四十八元正
　　　新台幣　　六佰九十元正

國際書號　978-988-8316-19-9

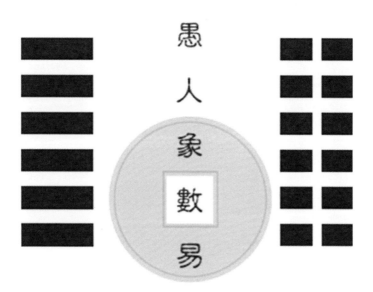

愚人象數易

http:yuyan388.joinbbs.net

心一堂當代術數文庫・占筮類

增删卜易之 · 六爻古今分析

目錄

序

我自八十年代起已對術數產生濃厚興趣，閒來跟風水師學習風水，亦有學過梅花易數。後來正式跟有名的紫微斗數大師學習，那時覺得斗數乃天下最高的論命方法。

有一天走進書局，偶然看到杜老師的著作《象數易入門及推斷技巧》，隨手翻看，感覺內容淺易明白，於是買來一看。細看下，發覺卦象解讀細緻，原著者分析獨到而精辟，而且詳盡引導入門方法，使我對文王卦爻產生莫大興趣。

隨後杜老師出版了兩本新書，分別是《象數易之姻緣與婚姻》和《六爻透視─職場顯玄機》。前者引導以四桃花地支解釋感情，配以六獸分辨人的樣貌和體態，是市面沒有公開過的題目。《職場顯玄機》一書則以世、應的高低位置去分析職場上的高低地位，見解非常獨到。上述三本書，成為我學習文王卦爻的

實用教材，每次細讀，都感獲益良多！

今聞杜老師又出版新書《增刪卜易》短評，用畢生之見識，細心分析《增刪卜易》中的真偽，例如什麼是「隨鬼入墓」，這可怕的名稱，以卦例來解釋清楚，令後學看後立時釋疑，更將《增刪卜易》值得使用的部份加以評註，實在難能可貴！

機緣巧合下，隨杜老師學習文王卦已過一年，他對教學抱有很大熱誠，利用輕鬆的手法傳授卦理，解卦的方法貫徹始終，沒有與其出版的書籍有任何脫節，始終如一。

杜老師經常說自己從不收藏秘密，希望引領他人學懂文王卦為己任。一支文王卦卦象，經杜老師分析，每爻都有邏輯的見解，從基本的世、應、日辰，一步一步去查看，這方法在老師第一本《象數易入門及推斷技巧》書中早有公開，教我學會如何有系統地閱讀卦象信息。

希望杜老師繼續他的寫作，發掘更多文王卦有關主題，相信將會是後學之福。

翔

乙未年丙戌月

增刪卜易之六爻古今分析

自序

　　沿著尖東海濱長廊而行，看看藍天，望望白雲，迎面吹來一陣微風，舒暢得很，一切好像已隨風而逝，合上眼，人好像也走出了這個大千世界，心中困惑，頓時消失得無影無蹤。不過，夕陽餘暉，硬將我雙眼睛撐開，看到海面上數隻飄浮無定的孤單船影，內心那種落漠感覺，又再湧現。回首一望，人生過了大半，仍然是奔奔波波，沒法停下，所有一切，都隨機遇而起，遇挫折而落，匆匆數十年，何曾細看周邊事物，成敗得失，一轉眼就過去了！換來的，不是豐衣足食，而是斑斑白髮和疲憊身軀。說成功，當然談不上；說失敗，也不算是。起碼兩餐溫飽，一瓦遮頭，還是可以一力承擔。成功失敗之說，因人而異，不必太介懷在意。

　　過去曾經歷人生跌宕歲月，心境空虛，感情落幕，思想混沌，閒來無事，唯有鑽研術數。不知何時開始，術數已成為我的唯一興趣，每當身陷困局，或處於低潮的時候，憑著術數的陰陽理論，了解人生順逆，藉

此疏導心中鬱悶，明白人生無常，成敗起跌，只不過是人生路上的一節小插曲，只要放下執著，人就變得輕鬆，也會感覺自在，一覺醒來，又可重新上路。人越大，越明白母親常掛在口邊的那句話：「人無百日好，花無百日香。」日子永遠是好壞交替，開心的要過，不開心的也要過，我們何不快快樂樂享受每一天呢！

此刻的我，悠然地倚著欄河，腦海內，浮現了小時候的青蔥歲月，我天生愛好神祕事物，對術數的奇妙應驗，十分著迷，因此有空便去書局打書釘，不知不覺讀了許多著作。凡是術數的書，都拿來看，遇到不明白，便找相關書籍再看，看畢之後，自然有所領悟。

還記得初中那些年，家住葵涌，卻獲派到中區某間全日制中學就讀，每天放學後，總愛由中環乘船往佐敦，再步行至廟街內的算命區，臨近黃昏時分，攤檔開始營業，站在攤檔前，聽術者替人算命，已樂上半天；有時，口袋裡有錢，就坐下來，給師傅看個相，問問自己將來的事業，問問自己將來的婚姻，又問

問……想起來，他們的推斷，與日後我身上的克應，好像沒有直接的關係，哈哈！

八十年代初，坊間吹起了一陣紫微斗數風，無論何時何地，人人愛談斗數，喜論紫微帝星，也有不少名師開班授徒，蔚然成風。本人喜愛術數，當然也參與其中，藉此一探斗數玄機。九十年代，玄空風水抬頭，位位大師說飛星，常道：「你的文昌位在東，應放四支富貴竹。」又道：「你今年五黃位在門口，要放五個銅錢來化解。」我又好奇，於是又去學玄空飛星，一窺其貌，但其後發現，玄空飛星，除了講求九星旺弱外，也要講求宅主相配，間格方位等，非名家所言，要隨飛星轉移，年年改動。

及後研習玄空時，亦有所得，一位前輩在其著作中，提到「風水即是卦，卦即是風水」，為求進一步研究玄空風水，便去尋找學卦的門路。大約在1999年，看到嚴浩先生寫的專欄，談到某師傅用易卦占算香港運程，準確性高，便毅然報讀易卦課程。學卦原意，

主要是增強玄空基礎，擴闊自己的眼界，誰料到竟有意外的驚喜，接觸易卦後，才知內裡另有天地，它不但包含家宅風水，更可占算各項事物，如婚姻、事業、失物、尋人等等，可以說是包羅萬有，妙趣無窮。

因緣起緣，在過去的十多年，我不斷鑽研及印證易卦，並將研究所得，結集成書，先後自費出版《象數易之入門及推斷技巧》、《象數易之姻緣與婚姻》及《象數易六爻透視：職場顯玄機》三本書，得到不少讀者支持，才不致虧本，真是十分感恩！人生的機遇，有時亦很難預計，早前機緣巧合之下，遇到心一堂的主事人，並相邀出書，對我這個寂寂無名的人來說，是莫大的鼓勵。現在看書的人比以前少，經營越來越困難，但仍不惜花上工本，邀請我這個無名之輩出書，實在與有榮焉。

與過往的著作稍有不同，本人希望此書帶點評論性質。因此在第一部份，將會介紹易卦運用，這樣大家在看寫評論時，便可知道本人觀點跟《增刪卜易》

增刪卜易之六爻古今分析

的用法，對比之下有什麼異同，讀者亦可拿自己的實例來印證。這部份的內容，其實是「五大綱領」的前身，理路同出一徹，相信有助讀者思考。

　　行人急促的腳步聲，將我從沉思中喚醒來，出版易卦書籍，公開研習多年的心得，非為名爭利，只是避免後學，錯走歧路，枉費心力。易學大門常開，有興趣的朋友，可進來學習和研究，一起把這門古老的民間學問傳承下去！

愚人
乙未年秋

増刪卜易之 六爻古今分析

前言

有興趣研習易卦的朋友，總喜翻閱前人著作，其中又以《卜筮全書》、《增刪卜易》、《卜筮正宗》三本代表著作為經典。不少習者，每每窮其一生精力，苦思鑽研各書內容，最終，他們能否掌握，還是要靠他們自己的領悟和實踐了。

按照近代學者的考證，得知三本書的面世時間應該有先後之別。《卜筮全書》為明朝姚際隆所著，至明末清初，野鶴老人著《增刪卜易》，及後，才有王洪緒著《卜筮正宗》。三者的內容，既有相近，又有相異，大家可互相參考，又可互相印證，不過，談到卦例方面，《卜筮正宗》採用了《增刪卜易》的部分卦例，被後人認為有抄襲之嫌，內裡乾坤，很難作出考證。若按正常的推斷，較後期出版的書籍，資料越見詳盡，內容更見完整，但從三本書的內容看來，實情又不是如此。當中，竟以明朝的《卜筮全書》最有系統，內容也最豐富，所以，它們出版的先後，是否如學者所言，真不得而知了！

從學習的角度，知道書籍出版的先後，有助了解易卜的發展脈絡，不過，三本書的理路相近，明朝《卜筮全書》又較清初的《增刪卜易》完整，真令人摸不著頭腦。既然如此，倒不如把它們的面世先後擱在一旁，只著眼各書提出的占斷方法是否合理，再加上實例的印證，一切自然清楚明白。

不少後學，均視野鶴老人所著的《增刪卜易》為卜筮祕本，考其原因，因為書中的每個章節，皆附有卦例，看起來，習者有例可憑，易於摸索。但是，例子的解釋，往往過於簡單；例如對於六獸的運用，都沒有清楚指出；而有關代占取用神之法，亦存在許多疑問，一切一切，對初學易卦的人來說，無疑是攔路虎，也是絆腳石，若弄不清理路，無論他們下了多少年的功夫，花掉多少年的歲月，或許最終都是白費，對他們來說，易卦兩字，永遠是一條遙不可及的路！

無可否認，在易卜的發展路途上，《增刪卜易》是一本重要的著作，曾提供習易者不少資料及研究方

向。然而，時代的步伐不斷向前，用卦技巧和斷卦方法，亦要因應時代而轉變，在原有的基礎上作出修正。本人站在廿一世紀二十年代的今天，雖沒有卓越的才華，但有研習的意志，努力將易卦的意象更新，期望提升六爻的準確度，也樂意在易卦歷史的洪流中，充當一塊小石頭，填補缺口，為後學鋪設一條平坦的道路，讓易卜之術，永遠延續下去！

如果讀者仔細翻閱《增刪卜易》，不難發現，它的內容，每多重複，卦例甚多冗枝冗葉，讀來沉悶，能一口氣把它看完的人，相信是寥寥可數。近年，時有前輩，對此書作出帶批判性的評語，正因如此，心生好奇，隨意在書局買來一本考證《增刪卜易》的書，希望從字裡行間，了解箇中原因。

看總目，排列有序。此書共分四卷，每卷分成若干章節，條理尚算分明，但是細看內容，總覺凌亂，斷卦準則，時有轉變；判卦思路，未能貫徹如一。讀後，一大串疑問在腦海中不斷盤旋，究竟書中內容，哪些

部分孰真？哪些部分孰假？一時三刻，本人也被弄得糊塗了！

　　易海無崖，六爻成象，透視景物，意景深長，茫茫易海，誰具慧眼，看透卦中端詳？本人才疏學淺，能力不足，縱使鑽研易卦多年，自愧未能登其堂奧。事實上，前人著書，極盡守祕，書中章節，或許另藏故事。因此，翻閱此書時，總是誠惶誠恐，恐怕有所遺漏。可恨的是，晚輩愚昧，部分章節，可能因年代及文化之轉變，未能解讀其意，有時靜下來細想，又感到有點不對勁，心中疑問，始終無法解開，遂把書中疑問羅列，仔細分析，希望能找到正確的答案。

　　本人寫這篇短評，只作重點分析，不會長篇討論，若然有誤，懇請各位前輩指正。

增刪卜易之六爻古今分析

前章　用卦原則

一．判卦原理

　　古今中外，談卦論卦者多，而有系統地用卦者卻寥寥可數，主要原因，一般學卦的朋友，其實都不甚理解飛伏、六親、六獸三者關係。三者看似獨立，各有扮演角色。例如飛神當令，爻辰強大而有力，又恰巧落在世爻位置上，可以肯定，當事人有極強的主導能力；六親所擔任的角色，正是當事人處身的位置，若持父爻，就要肩負著長輩、父親、上司的責任；六獸形態，折射出其人的性格，或事情的狀態。其實，三者互有關連，尤以飛神為重，飛神得助，自然帶動著六親和六獸而生變化。

　　許多時候，習卦者只懂搖銅錢，取爻象，裝排卦，完成後，卻茫茫然不知所措地看著一支完整的卦，他們根本不知怎樣走進卦內，了解世應及各爻的關係，作出合理的推斷，用卦以「六親為本」，是一個非常重要的概念。不少古籍如《易隱》、《增刪卜易》及《卜筮正宗》等前人著作，對後六親的處理，可歸納為兩

種方法。 其一，依本卦卦氣配後六親；其二，不再排後六親，只據化出之爻辰五行，對本卦的生剋來定吉凶。本人所學，有別於傳統，後六親的起法，是按化卦的卦氣而裝，六親角色隨環境而變，或許，這種用法，更配合時代步伐。

　　六親與後六親的演繹，是卦中重點，也是用卦原則所在，本人從此處談起，希望讀者對六親的鋪排，有更深刻的體會。

〈1〉何謂六親

　　六親者，即父母、兄弟、子孫、妻財、官鬼和世（即我）。一卦六爻，要五行齊全，按爻辰五行與本卦卦氣來定六親，其方法如下：

> 生我者為父
>
> 同我者為兄
>
> 我生者為子
>
> 我剋者為財
>
> 剋我者為官

父為父母，兄為兄弟，子為子孫，財為妻財，官為官鬼。許多時候，為了簡便，直接稱它們為父爻，兄爻，子爻，財爻和官爻。

卦中六親，組成一個人際網絡，當中六親穿插，是人與人之間的感情連繫，是人與人之間的智慧角力，是人與人之間的關係互扣，也是人與人之間的力量制衡。當事人置身六爻之中，他或他占問之事，都被一個人際網絡包圍，此刻的他，是被六親擁護而向前，還是被六親壓迫而墮後，我們應該怎樣去入手分析，將卦象中的六親佈局，抽絲剝繭，逐一拆解，這是我們用易卦者要學習和要做的事。

六爻配搭，六親佈置，會是一個怎樣的佈局？又會是一個怎樣的結局？我們要憑藉六親的訊息反射，推斷它會是一個完美的結果，抑或是一個悲慘的下場。假使得知當事人結局不良，便要指出問題所在，若然可以，也應為他找出對策，令他可安然平穩地渡過逆境。

舉例說明，對讀者來說，最易明白。

例 一 分析六親佈局

占問：陳先生占事業

得卦：火雷噬嗑 （巽6）

卦爻	六親	卦象	飛神	伏神	變卦 / 後六親
上爻	子	I	巳		
五爻	財	II	未		
			世		
四爻	官	I	酉 ◄──────── 用神		
三爻	財	II	辰		
二爻	兄	II	寅		
			應		
初爻	父	I	子		

卦例分析

★陳先生占事業，用神是官爻，它不入世應兩位。

★應位兄爻剋世，事業發展受阻。

★世持財爻，入息穩定。財爻另一解，它是用神「官爻」之原神，能生之旺之，若勤奮工作，便可進一步推動

19

事業發展。

★兄爻在應剋世位財爻，兄爻是同事，也是競爭對手，存有謀取和取代的意味，可以說是工作上的敵人。

★父爻失位，財爻又可剋制父爻，陳先生領導力強，上司也要對他言聽計從。

★由整體六親佈局分析，陳先生的事業發展不錯，唯獨留心，有同事想取而代之。

以上例子明顯指出，六親的配合，最容易看到人事的穿插，就是易卦用來推斷的鑰匙，只要將大門打開，所有關係，所有糾纏，都一覽無遺。勿看輕一支平平無奇的卦象，只要我們用心去觀察，用心去推敲，用心去分析，相信不難從卦象六親中，找出人際脈絡的關係，作出準確的推斷，人和事，自然無所遁形。

其實，這不是怎麼秘密，只是前人守秘，不肯言明而已。

〈2〉 六親的生剋

知六親而不知其生剋，豈可談卦論卦呢？ 在「何謂六親」中，已提到依卦氣與飛伏地支五行，來決定六親。此部分將會直接利用「金木水火土」五行，進一步說明六親的生剋及其定位。

生我者父母，同我者兄弟，我生者子孫，我剋者妻財，剋我者官鬼。

『六親相生』

　　六親相生的排列，是父生兄，兄生子，子生財，財生官和官生父。其相生關係，請參看下圖：

六親相生圖

父

兄　　　　　　　　　　官

子　‧‧‧‧‧‧‧‧▶　財

‧‧‧‧‧‧‧‧▶　相生

　　從以上簡圖，便可得知六親相生的循環路線。

　　如將六親配以五行，便可清楚知道，五行與六親相生是循環走動，所以，卦氣的五行非常重要，如坎卦，

卦氣為水，「水」是我，其五行相生變動，如下圖所指。只要轉換了卦氣，六親的五行，便隨之而更改。

六親五行相生圖

(金)
父

(水)兄

官(土)

(木)子 ....➤ 財(火)

生 ....➤

將六親相生的父兄子財官，轉為五行相生的「金水木火土」，在斷卦時，六親和五行，可同時運用，人物與事件更見鮮明。

心一堂當代術數文庫・占筮類

『六親相剋』

　　世間事物，總離不開陰陽動靜的法則，既有六親相生，當然有六親相剋。所謂六親相剋，其實是人際間的制衡力量，俗稱為「格食格」，這也是自然界的定律。小時候玩的鬥獸棋，大象最大，可吃其他動物，唯一能整治牠的，是老鼠，因為大象身形龐大，鬥力度，當然無人能及，若鬥靈活，焉及一隻小小的老鼠呢！

　　六親相剋，是財剋父，父剋子，子剋官，官剋兄，兄剋財，其逆走相剋路線，構成一個五角星圖案。

六親相剋圖

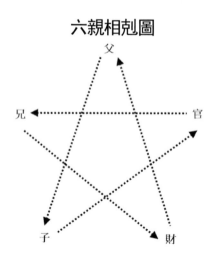

以上可見，星的角是尖、是銳，帶有攻擊性、侵略性及傷害性，在意象上，引伸為剋害的意思。

如果將五行加入，六親各自帶有所屬五行，其六親相剋，等同五行相剋。

六親五行相剋圖

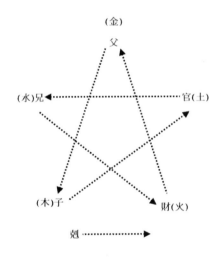

心一堂當代術數文庫 · 占筮類

五行與六親配合後的相剋：

火（財爻）剋金（父爻）

金（父爻）剋木（子爻）

木（子爻）剋土（官爻）

土（官爻）剋水（兄爻）

水（兄爻）剋火（財爻）

不論六親或五行的生剋，於易卦的運用上，都是同步的，所以，在推斷五行得失時，便知道人際關係上，誰來幫我，或誰來害我。

為了令讀者清楚知道卦氣與爻辰六親的變化，以下部分將會把八卦與六親的關係列出，希望有助初學的朋友更易明白和掌握。

增刪卜易之六爻古今分析

乾卦／兌卦：卦氣為金

我是「金」，同我為兄弟。

生我是「土」，為父母。

我生是「水」，為子孫。

我剋是「木」，為妻財。

剋我是「火」，為官鬼。

坤卦／艮卦：卦氣為土

我是「土」，同我為兄弟。

生我是「火」，為父母。

我生是「金」，為子孫。

我剋是「水」，為妻財。

剋我是「木」，為官鬼。

坎卦：卦氣為水

我是「水」，同我為兄弟。

生我是「金」，為父母。

我生是「木」，為子孫。

我剋是「火」，為妻財。

剋我是「土」，為官鬼。

離卦：卦氣為火

我是「火」，同我為兄弟。

生我是「木」，為父母。

我生是「土」，為子孫。

我剋是「金」，為妻財。

剋我是「水」，為官鬼。

震卦／巽卦：卦氣為木

我是「木」，同我為兄弟。

生我是「水」，為父母。

我生是「火」，為子孫。

我剋是「土」，為妻財。

剋我是「金」，為官鬼。

為了保持部份傳統，本書羅列的六親及分析皆依古法，唯獨變卦後的六親，要依變卦後的卦氣重新定位，這樣，有一好處，就是讓我們更加清楚知道，變卦後的環境和人際關係，其實已進入新的方向。舉例來說，公司來了新上司，他的處事作風，待人之道，

不會跟舊上司一模一樣，可能更強硬，也可能更刻板⋯⋯這已顯示，卦象之細緻，可以透析當事人的處境，已進入了新的境地。

〈3〉 術數文化

術數背後，每每受到古代文化及制度的影響，因此，術數的運用，便有一定限制。由周文王推演六十四卦開始，發展至漢代，京房將易卦配入陰陽五行，令其大放異彩。來到當今世代，易卦前後已經歷了過千年歷史，時空轉移，朝代更替，制度改革，社會變遷，家庭改動，一切都在變，其實，易卦六爻，同樣在變，不過，有誰會留意得到？但是，翻看古今書籍，易卦的推斷法則或六親代表，還是沒有改變，可以肯定，這是一個與時代脫節的訊號。

中國人的觀念，壓根兒受儒家思想影響，也擺不脫封建思維，判卦亦被禮教規範，一般人用卦，常常出現畫地為牢的情況，永遠不敢跨越前人的界線，斷

卦時，畏首畏尾，不敢作出斬釘截鐵的批斷，這種情況，在易卦的旅途上，俯拾皆是。

易卦中的六親運用，同樣受到局限。六親演繹，古今不盡相同，古代著重家庭觀念，思維和角度，都比較狹窄，在舊社會、舊制度下，尚可適用，隨着封建制度之瓦解，大家庭之崩潰，人們的思維，受到現代文化沖激及洗禮，對於傳統的六親演繹，明顯地顯得有點笨拙。

學易之人，應該配合時代變更，為卦象的解讀，注入更多新元素及新概念，將六親重新定位，才可配合時代步伐，印證事物，否則，在推斷上，很容易失去準確性。有關這點，會在下一點中說明。

〈4〉 **更新六親**

從參考古籍卦例，可以推斷得知，古人在論卦時，主要以本卦六親為重，對變卦後之六親，不甚理會，古代社會結構簡單，人民思想單純，造成的問題不大。

但時移世易，現今社會品流複雜，人心奸險，將古代易卦的法則，應用在今天的占卜上，已不合時宜，或許，仍可推斷出問題的框框，但對變卦後的人際關係，環境易變，強弱倒轉等情況，就未必能找到端倪了。

〈六親重新定位〉

占問任何事，都有一個指定的爻辰，稱為「用神」。用神即主事爻。主事爻的旺弱，有時，可主宰事情的成敗，在判卦時，不可不加留意。

例如：

占事業 —以官鬼爻為用神

占尋人 —以父母爻為用神

占財運 —以妻財爻為用神

占六甲 —以子孫爻為用神

占投資 —以妻財爻為用神

占疾病 —以官鬼爻為用神

占出門 —以子孫爻為用神

男占姻緣 —以財爻為用神

如是者，清楚確定用神，不然難以批斷。世間事物，數以千計，卦中六爻，象徵萬事萬物，所以，每爻掌管的事物都不盡相同，知道用神在「六親」那一個位置，便可得出更深入的分析。以官鬼一爻為例，無論測事業、官運、官職、妻測夫、官非、學業等，都取其作用神。

　　時代進步，對於六親定位，又有了新的定義，解法古今不盡相同。古代六親涵蓋的事物，只得一二，現代覆蓋的範圍，不但更廣、更闊，而且更具針對性。

古今用神，略舉如下：

　　官鬼爻為用神
　　古代：疾病、仕宦、鬼神、婚姻。
　　現代：疾病、事業、怪異、女占姻緣、名譽、官司、工作謀望、學業、升職、創業。

　　父母爻為用神
　　古代：文書、求師、長輩。

現代: 婚約、合約、尋人、項目、尋物、上司、父母、長輩。

兄弟爻為用神
古代: 兄弟姊妹、平輩朋友。
現代: 兄弟姊妹、平輩朋友、同事、合夥人。

子孫爻為用神
古代: 兒女、後輩、出行。
現代: 兒女、後輩、出行、催員、下屬、治療。

妻財爻為用神
古代: 六畜、種作、求財、失脫、男測妻妾、奴婢。
現代: 妻、貨物、財寶、金銀、遺產、貨款、正財、橫財、男占姻緣。

以上種種，也許仍有不足，冀各位同道朋友，一起研究補充。

〈後六親斷法〉

時至現在，大部分學卦的人，主要以本卦六親斷事，亦有些人，兼取後六親，不過，他們皆以本卦卦氣來起後六親，成為用卦者的主流。

本人學卦學得晚，所學的法則，跟傳統的略有開合，除了按化卦卦氣裝後六親外，還拿它來作推斷。這種用法，應驗性高，又能掌握人事變化，推斷時，可提供深一層的訊息。

為什麼化出的後六親，如此重要？

因為後六親所顯示的，是事件的變動，人際的變化，若我們採用本卦卦氣，好像不太合情理，既然一切已生動變，除了考慮原局的環境，也要接受新的人和事，這樣，按化卦卦氣排上後六親，相信是較合適的。

化卦後的爻辰六親，不會無用，一定有其存在價值，我嘗試舉一些假設性例子，與大家分享。

　　占財運：子爻化「財」爻，財爻顯示為求財的動力。

　　占姻緣：父爻化「兄」爻，兄爻顯示為姻緣受阻。

　　占投資：兄爻化「父」爻，父爻顯示為擔憂和不安。

　　占生意：財爻化「官」爻，官爻顯示為驚惶失措。

　　占失物：官爻化「子」爻，子爻顯示失而復得。

　　再以例子比較，令讀者思路更加清晰。

心一堂當代術數文庫‧占筮類

例 一 以本卦 （離卦） 卦氣排後六親

占問: 李先生占姻緣

得卦: 天火同人 （離8） 化天雷无妄 （巽5）

卦爻	六親	卦象	飛神	伏神	變卦/後六親
上爻	子	I	戌		
			應		
五爻	財	I	申		
四爻	兄	I	午		
三爻	官	O	亥 ◄──剋──	辰子	
			世		
二爻	子	II	丑		
初爻	父	I	卯		

卦例分析

★用傳統方法裝後六親，化出辰土，沿用本卦 （離卦）卦氣，排出來的後六親為「子爻」。

★子爻不利姻緣，李先生的愛情夢，必然破碎。

★問題是，這卦是世爻發動，既然他想找姻緣，為何

又一手將之摧毀，似乎不太合情理。

假如後六親改用化卦卦氣來排，又會出現一個怎樣的情況？

例 一 以化卦 （巽卦） 卦氣排後六親

占問： 李先生占姻緣

得卦： 天火同人 （離8） 化天雷无妄 （巽5）

卦爻	六親	卦象	飛神	伏神	變卦／後六親
上爻	子	I	戌		
			應		
五爻	財	I	申		沖
四爻	兄	I	午		
三爻	官	O	亥		辰財
			世		
二爻	子	II	丑		
初爻	父	I	卯		

卦例分析

★用化卦巽卦卦氣，化出的辰土，不是子爻，而是「財爻」。

★來人問姻緣卦，按理，他希望找到伴侶，這是他占卜的原因。

★世爻重動，李先生主動出擊；官爻化財爻，他的目標與欲望，都是一致，尋找伴侶。

★所以，化出辰土，欲回頭沖破應位戌土子爻，圖望解除剋世官爻的力量。

　　這樣解釋卦象，是不是較合理？讀者可以自行思考判斷。

〈5〉判卦

　　怎樣去判一支卦，是習易者的目標。許多人手中無卦，反而說得頭頭是道，但是，要判放在眼前的卦，每每支吾其詞，點解？都不用多說。

　　為了使各位更清楚六親的用法，且舉一例說明之。

例 一 六親的用法

日期: 丁亥年癸卯月壬子日

占問: 張小姐占新職

得卦: 雷天大壯 （坤5） 化 雷山小過 （兌7）

卦爻	六獸	六親	卦象	飛神	伏神	變卦/後六親
上爻	虎	兄	II	戌		
五爻	蛇	子	II	申		
四爻	勾	父	I	午		
			世			
三爻	朱	兄	I	辰		
二爻	龍	官	OO	寅		午官
初爻	玄	財	O	子		辰父
			應			

張小姐覓得一份新工作，不知好壞，占一卦以定行止。

判斷卦象，分析其意，決定進退，是用卦的關鍵，現在，拿實例來跟大家分享。

41

卦例分析

第一步：定用神，取六親

★占新職，六親以官鬼爻為用神。

★官鬼爻落在二爻上，官鬼化官鬼，是工作上起的變化。

★官鬼爻重動，顯示新工作已出現。

★飛神由寅化午，是化進，新工作的發展，較現職為佳。

★若只按本卦青龍官爻判斷，張小姐的事業應有良好發展。

★如不需要兼顧後六親的午火官爻，判卦便變得簡單，在訊息上，只可推斷張小姐工作變動而已。

★若加入動化爻辰及其後六親，觸及的範圍更廣，表達的卦意更闊，且能透視張小姐此刻的工作意向和動機。

第二步：明世應，境況生

　　用神不在世應，從世應六親所達的訊息，是當事人的處身境況。

卦爻	六獸	六親	卦象	飛神	伏神	變卦 / 後六親
上爻	虎	兄	‖	戌		
五爻	蛇	子	‖	申		
四爻	勾	父	Ⅰ	午 ←		
				世		
三爻	朱	兄	Ⅰ	辰		
二爻	龍	官	○○	寅		午官
初爻	玄	財	○○	子		辰父 ←
				應		

處身境況

★世應六沖暗動，沖為急、快，這份工作，要張小姐趕快履新。

★世持父爻，煩惱不免，煩什麼？惱什麼？要從應位去推敲。

43

★應位財爻發動，化出父爻來，可以推斷，她新職薪酬理想，只是害怕應付不來。

第三步：斷六親，助五行

　　一卦六爻，配以六親，若單從六親角度，一切太過平鋪直敘，沒有變化，如要徹底了解一支卦，必須從每一角度去剖釋，橫推直判，要看得仔細，非要從五行入手不可。

　　以這支「張小姐占新職」的卦為例，世持父爻，應爻化出的後六親也是父母爻，從六親表面看來，兩者沒有什麼分別。

後六親

初爻　　玄　財　○　子　　辰父
　　　　　　　　　　　　應

★世與應同是父爻，不過，世是本卦父爻，持飛神「午火」，而應是化後六親父爻「辰土」。

★世位是問事人張小姐，應是新職，雖然大家同屬父爻，在五行上，午火生辰土，可以推想，她上任新職後，會為這份工作，要付出很大的勞力和精神，正是俗語所說的－身不由己。

日辰「子」
沖

四爻　　勾　父 I 午
　　　　　　世

★日辰子水來沖世爻午火，這樣子午一沖，煩惱便生，張小姐必然面對很大的壓力。

心一堂當代術數文庫・占筮類

第四步：看排列，象意深

　　從六爻排列，可以找到卦中隱藏的意思。
　　世在四爻，也是張小姐的位置。

卦爻	六獸	六親	卦象	飛神	伏神	變卦／後六親
上爻	虎	兄	∥	戌 ◄		
五爻	蛇	子	∥	申		生
四爻	勾	父	I	午		
			世			生
三爻	朱	兄	I	辰 ◄		
二爻	龍	官	OO	寅		午官
初爻	玄	財	OO	子		辰父
			應			

★世位被兩兄爻所夾，是阻礙的性質。

★在六親相生上，父爻是生兄爻的，意味着她在新工作崗位上，可能要兼顧不同的職務。

★她煩惱的事，是能否應付沉重的工作？

第五步：配六獸，象裡尋

當明白第一至第三步，基本上，整個架構已形成。

將六獸配入六親，令整支卦象變得立體及鮮明，可大大提高準確性。

又以張小姐的卦為例，二爻六獸「青龍」配合六親「官爻」。

★「青龍」為巨大，為聲譽。

★後六親午火是化進，配以「青龍」，卦象顯示，她從一間有實力公司，轉去一間更有實力的大公司。不是很清楚嗎？

★或許有人會問，世、應的六獸又如何解釋呢？這也

不難，世持勾陳，應持玄武，兩者特性為偏為暗，引伸為不明朗、不愉快、又喜計算。

★當你配合世應父母爻，引伸為焦慮，從這兩爻中，我們可意會到張小姐內心，是何等之不安。

第六步：知卦身，路向真

前人論卦，多不談卦身，所以卦身的運用，很多門派都捨其不用。

本人用卦，除了取後六親為用外，也取卦身。

卦身為問事主體，當卦身落於某六親或某後六親上，其義也大相逕庭。

一般而言，卦身落處，為心意所在。可試舉一例。

占合作：卦身在財爻上，以合作賺錢為目標

卦身在官爻上，以發展業務為目標

卦身在父爻上，以當上老闆為目標

卦身在兄爻上，以合作發展為目標

卦身在子爻上，以共同創業為目標

★假若卦身兩現或三現，則為心大心細，難於取捨。

★從張小姐卦例可見，卦身不上卦，何解？既然卦身是問事主體或心意，它不在卦內，表示當事人未落實決定，又或者對新工作缺乏信心。

最後以張小姐之卦例來個總結：

張小姐覓得一份比現在公司更有前景的工作，而且新公司是大公司又有實力，薪酬十分理想。不過，她害怕工作應付不來，也怕要肩負沉重的額外工作，處於進退為谷的兩難局面，新公司又多次催促她盡快上任，使她感到迷亂，不能作出決定。

從卦象顯示，新的職位所給予的薪酬，將會較現職為高，不過，工作量也比現職為大，張小姐未必能夠應付。

兩份工作比較而言，現職較為穩定。人要知變而識變，才合乎問卦原則，也是趨吉避凶之道，希望她能接受勸告，暫時留在舊公司工作，避免損害現時良好的運勢。

要學好這門易卦，首要的條件，是暫時放下其它術數，不是說其它術數不好學，而是初學者喜愛將各門術數，互相引用，弄到一塌糊塗。這樣，一定掌握不到用卦的竅門。

斷卦絕對不應斷章取義，要按步驟來推斷，才可以令整支卦象的信息，活現眼前，讓習者體會到象數易的神髓。在短評前加插這部分，是希望讀者對本人判卦原則，有一定的了解，這樣才會理解本人作出的批判是否合理。

二.定起卦月份

　　傳統中國大部分術數，採用太陰曆，以二十四節氣來定月份，月份的分佈，可參看下頁的二十四節氣列表。當中，八字對節氣的應用，尤為明顯，譬如，正月初一，若未到立春，還未算是新的一年，未到小暑，仍當五月計算等等。

　　在易卦方面，定起卦的月份，各有不同的說法，一般分為兩大類：其一是沿用節氣的方法，也是最多朋友採用的；其二是不論節氣，只取起卦當天的月份來用。因此，在某些日子裡，前者與後者，會因月建地支的不同，在易卦推斷上，可能出現某程度的分歧。

　　以世持「戌」土為例，農曆四月占問，但未到立夏。節氣論者，仍以三月計算，以「辰」月為月建，沖世「戌」土，為月破，而月份論者，則以「巳」月為月建，巳火能生世「戌」土，一破一生，分別甚大。許多時候，兩者只差數天，「節氣」用者，認為新氣未交，仍是

以該月來斷。不過，採用「月份」者，其角度有所不同，普遍認為，氣雖然未完全交接，實則新月之氣，已逐步進駐，因為大家所持的觀點不同，本人看法，沒有所謂對與錯之分，一切由實例中去印證，最為妥貼。

　　本人是按起卦月推斷事情的，至於二十四節氣的應用，何時才用得上？主要是用來找應期。如讀者有時間，可以多做實例推敲，從卦中印證對錯，便知道哪一種用法較為可取。

增刪卜易之 六爻古今分析

月份（地支）	節氣	中氣
正月　（寅）	立春	雨水
二月　（卯）	驚蟄	春分
三月　（辰）	清明	穀雨
四月　（巳）	立夏	小滿
五月　（午）	芒種	夏至
六月　（未）	小暑	大暑
七月　（申）	立秋	處暑
八月　（酉）	白露	秋分
九月　（戌）	寒露	霜降
十月　（亥）	立冬	小雪
十一月　（子）	大雪	冬至
十二月　（丑）	小寒	大寒

　　註：二十四節氣分為十二節氣（節）與十二中氣（氣），每月有一「節」與一「氣」區分。「節」為月之始，「氣」之最後一日，為月之終。

三．閏月問題

對習易者來說，「閏月」是另一個模糊問題，直到現在，仍然有不少朋友，遇上閏月時占問，就會不知所措，只抱著「估估下」的心態去處理，是對或是錯，根本也沒法知曉。

推斷閏月，最簡單的方法，是將閏月的前半個月，撥入前一個月，後半個月撥入後一個月，即前後兩個月，大約各自擁有四十五天。舉例來說，2012年（壬辰年）是閏四月，閏四月初一至十五，以四月推算，閏四月十六至廿九，以五月推算。

可能有人會問，為何如此分割閏月？ 答案十分簡單，初一至十五是前一個月的延續，十六至廿九（或三十）是後一個月進氣的前奏，各有各的傾向。按2012年的例子，由四月初一至閏四月十五，共四十五天，月建以「巳」火來推斷；由閏四月十六起至五月三十日，共四十四天，便以月建「午」火論斷。

如有朋友在閏月的問題上，另具獨特見解，大家不妨拿來參考及研究，這樣，可令易卦的推斷，更趨完善。

四. 卦身用法

卦身，古稱「月卦身」。古籍中，提及卦身的用法及其例子，可謂少之又少，一般只是輕輕帶過，沒有仔細交代。名著《增刪卜易》，在其內文，也找不到任何章節，專題談及卦身的用法。

另一本重要著作《易隱》，對卦身的描述，也只是寥寥數句:「凡卦之身。用之為重。世之身司事還輕。世若不空不破。不須論身世。或空破。禍福方憑卦身。蓋取身以代世之勞耳。」它的論點，以世爻為重，卦身次之。基本上，一切得失，均據世爻來定，倘若世遇旬空，或被沖破之時，則須以卦身代世，按其好壞，以論卦中吉凶。

《卜筮正宗》對卦身的論述，與《易隱》不同，它不但沒有提及以卦身代世的觀點，而且在卦身的運用上，也較寬廣。「卦身之爻，為所占事之主，若無卦身，則事無頭緒，倘卦身有傷，其事難成矣。」

從《卜筮正宗》這段節錄中，已概括了三種情況。

第一，「卦身之爻，為所占事之主」，它是問事的主體；

第二，「若無卦身，則事無頭緒」，即卦身不上卦，所問之事，欠缺方向；

第三，「若卦身有傷，其事難成矣」，若卦身受刑尅，占問事情，成功機會微。

以本人用卦的經驗，《卜筮正宗》對卦身的論述，是合理可取的。以下不妨逐一去討論，找出理據，支持論點。

1. 卦身是問事主體

卦身是問事的主體，這種看法，非常合理。

首先，我們要將「世爻」、「用神」和「卦身」三者的角色分清，否則，斷卦便會失去理路，不知如何入手。現在將三者的功用列出，相信對後學有一定的啓迪作用。

「世爻」是當事人處身的環境及情況。

「用神」是用事爻，看事情的得失。

「卦身」為主體，觀所問事情的重點。

一看處境，一定得失，一看重點，三者不可混淆，斷卦，才可對症下藥。

2. 卦身不上，事無頭緒

卦身既為主體，它不入卦中，最簡單的理解，占問之事，失去主導性，或沒有方向性，判卦，只可靠用神、世應和動爻來推斷。如占尋人，世應、用神未見剋害，而卦身不上卦，主當事人健在，但是沒法找到他的蹤影而已。

3. 卦身有傷，謀事難成

如果卦身是整支卦象的命脈，它受生還是受剋，結果可以是南轅北轍，所以，若卦身受到傷害，占問的事，當然出現某程度的阻礙，嚴重者，失敗在所難免。所謂「有傷」，其實是指卦身的爻辰，受到刑沖剋害，失去力量，最壞的情況，當然是卦身遭破，一切在失望中落幕。

除了以上三點，卦身還有其它的表徵，如下：

心一堂當代術數文庫・占筮類

4. 卦身兩現，事處徘徊

在《黃金策總斷》文中，也曾提及「卦身重疊，須知事體兩交關」。「卦身重疊」即卦內出現兩個卦身，表現事情正處於徘徊不定的狀態，當事人未能作出取捨。

除了卦身兩現，有時變卦後，會出現卦身三現的情況，這時，我們不但要考慮本卦的卦身，也要看發動的爻辰，變出一個怎樣的卦身，是化進、化退，還是伏吟、反吟，亦須衡量後六親的力量，會否對本卦帶來影響。不可以單爻判斷，一定要整體來分析。

5. 爻持卦身，權之所在

卦身也是權力的象徵，擁有卦身的爻辰，等如擁有權力，掌握事情的主導性。因此，假如卦身入世位，表示問事人自己掌控一切，而卦身入應位，意味問事人失去話事權，凡事都處於被動。判卦時，多留意卦身位置，推斷起來，會更加仔細。

卦身的用法，留傳下來的資料並不多，有亦散亂，各人師承，理解有異，說法不同，始終沒法統一口徑，因此，不少人認為卦身並不重要，或者不知怎去運用，竟壯士斷臂，棄而不用，這種鴕鳥政策，非治學之道。你們留意用卦的朋友和擺檔的術士，便知本人所言非虛。

　　坦白說，用卦而不用卦身，尤如遠航的艦隊，不論出發時場面如何偉大，設備如何精良，偏偏漏裝了導航系統，出發後，艦隊在大海漂浮，定不出目標方向，所花的心力與金錢，白白掉進了大海。斷卦欠了卦身，根本找不到當事人的取向，或卦象指出的重點，要準確地判卦，不是有點妙想天開嗎？

五. 後六親起法

　　無論翻看哪一本古籍，處理後六親的方法，基本上是一致的，全部沿用本卦卦氣來排後六親，這倒是不爭的事實，所以，中港台之易卦追隨者，大都依照傳統，保留此種用法，本人對此亦十分理解。

　　追源溯始，象數易比義理易發展較晚，它起於漢代，距今二千多年，試想想那個時代，社會結構簡單，人民生活簡樸，士農工商，界線分明，人民的心，不象今人那般奸狡，所以，以本卦卦氣來定後六親，問題不會很大。

　　若有留意古籍的卦例分析，便了解古人斷卦，主要看五行生剋，因此，化出爻辰，也是以五行為先，不過，他們沒有對後六親的身分、角色、行為，作進一步解釋。或許，他們也不明白，為何化出這樣的一個六親來，而這個六親，在整個卦象中，變成一個不協調的新角色，既然解釋不了，便乾脆避而不談為妙。

時代不斷向前，人的步伐也向前，人的思維同樣向前，一切都在變，莫說二千年後的今天，就算經歷了一二百年，所有事物，已面目全非。象數易學，代代有能人，相信他們也發現，用本卦卦氣排出的後六親，未能準確地反映出實際情況，因而進行研究和分析，以化卦卦氣來排後六親，發展出一個新系統，經過若干年的統計和印證，效果顯著。

　　本人學卦學得晚，起「後六親」之法，採取化卦卦氣來用，此法有一特點，就是在角色上的演繹，都比較細緻，也比較合理。

　　為了方便解說，從《卜筮正宗》中，取一例來討論，希望有助讀者理解。

書例《卜筮正宗》：

（取本卦卦氣排後六親）

占問：占子病吉凶

得卦：艮為山（艮1）化 山水蒙（離5）

卦爻　六親　卦象　飛神　伏神　變卦/後六親

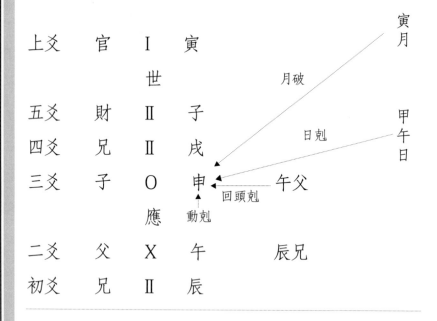

《卜筮正宗》註解

　　斷曰：申金子孫為用，臨月破不宜，日建剋之，

動爻剋之，又化回頭之剋，有剋無生，可急回家，汝女死矣！此人未到家，一人報曰，令郎申時去世矣。此應填實之時，受剋而死也。

從以上註解，我們可印證出兩點：

1. 古人解卦，重五行生剋。

2. 卦中沒有裝上後六親，只論回頭剋害。

若果在化出的爻辰裝上後六親，其六親的配搭如下：

★二爻交動，化辰土兄爻。

★三爻重動，化午火父爻。

書中註解，只談五行，沒有提及後六親之「兄爻」和「父爻」，用常理推斷，本人也不清楚它們存在的用途及解釋。

這卦例除了用本卦卦氣裝後六親外，也沒有排上旬空、卦身和六獸，整支卦欠缺完整，絲線不清，本人重新排出，再與各位討論。

〔完整裝卦 — 取化卦卦氣排後六親〕

占問: 占子病吉凶

得卦: 艮為山 (艮1) 化 山水蒙 (離5)

卦身: 巳　　　　　　旬空 辰、巳

卦爻	六獸	六親	卦象	飛神	伏神	變卦/後六親
上爻	玄	官	I 世	寅		寅月
五爻	白	財	II	子		甲午日
四爻	蛇	兄	II	戌		
三爻	勾	子	O 應	申 ------六親轉化------▶午兄		
二爻	朱	父	X	午 ------六親轉化------▶辰子空		
初爻	龍	兄	II	辰空		

卦例分析

★這支卦是以「代占」方法來問, 其實是不大恰當, 會在短評中細談。

★占子病吉凶, 原著者以「子爻」為用神。子爻申金不但月破, 而且被日剋及回頭剋, 重重剋破, 問病,

自然不妙！

★判卦時，原著者沒有解釋後六親，相信他也不清楚二爻為甚麼化辰土兄爻，三爻為甚麼化午火父爻？

「三爻」子化父，「子爻」為兒子；「父爻」是消息，勾陳為牽絆，可以解釋為父親擔憂兒子病情，若如是，父爻午火便不會回頭剋申金子爻，在邏輯上，絕對不合情理。

「二爻」父化兄，本來兄可生子爻，不過子爻化午火父爻，推想他也不知如何解讀。

既然不能解釋後六親，便嘗試用化卦卦氣來排，用「六親轉化」的技巧，看看後六親的意象如何。

★「三爻」子化兄，「子爻」為兒子；「兄爻」是阻隔，勾陳為牽絆，可解釋為兒子病情，遇上重重障礙。
★「二爻」父化子，子爻辰土旬空，不受日辰生，子爻是藥、是治療，入旬空，月來剋，是藥石無效之兆。

這樣分析和解讀後六親，是不是更貼近實況呢？

　　若想深入了解「六親轉化」的用法，可參考拙作《象數易入門與推斷技巧》一書。

後章 短評《增刪卜易》

心一堂當代術數文庫・占筮類

六．隨鬼入墓

　　「隨鬼入墓」這四個字，顯淺易明，絕不含糊，一看已明其意，當中有「鬼」字相連，看後感覺不安，仿如被一塊厚厚的大石，壓在胸上，令人氣也喘不過來，人開始變得迷惘，恐懼亦由此而生，這種迷惘恐懼感覺，不斷地向全身流走，雖抓緊拳頭，身體也不自覺地抖震起來。

　　其實，什麼是「隨鬼入墓」？在易卦的層面上，「鬼」是指官鬼爻；「墓」是指四墓庫。「隨」與「入」兩字，只是動詞。若將「鬼」和「墓」兩字作意象引伸，官鬼爻為事業、疾病、女性對象、學業等等；墓庫則有收藏、埋沒、困住的意思。從簡單的角度去理解「隨鬼入墓」，就是跟隨著官鬼爻，走進了四墓庫。所以，世爻、本命、卦身其一持官鬼爻，遇見四墓庫，便為入墓。根據古人傳下來的推斷準則，凡入墓，有六親不和，萬事俱凶的說法。

流傳下來，『入墓』可分為三種，即日墓、動墓
與化墓，其入墓的情況，便如下圖。

例：入日墓

鬼　Ｉ　　午　　──入日墓──▶　戊
　　世　　　　　　　　　　　　　辰
　　　　　　　　　　　　　　　　日

例：化墓

鬼　Ｉ　　酉　　──化　墓──▶　丑
　　世

例：入動墓

卦：天火同人（離8）

子　Ｏ　　戌　　─────────▶　墓動
　　應

財　Ｉ　　申

兄　Ｉ　　午

鬼　Ｉ　　亥　　◀─────────　入動墓
　　世

子　Ⅱ　　丑

父　Ｉ　　卯

世爻也好、本命也好、卦身也好，持上官爻，一旦遇上上述其中一種情況，便會構成「隨鬼入墓」的不良結構，即所謂「世爻隨鬼入墓」、「本命隨鬼入墓」和「卦身隨鬼入墓」。

例： 世爻隨鬼入墓

占問：占官非
得卦：山風蠱 （巽8）化 山澤損 （艮4）

兄　　Ｉ　　寅
　　　應

父　　ＩＩ　　子　　伏巳子
財　　ＩＩ　　戌
鬼　　Ｏ　　酉 ⎯⎯⎯⎯→ 丑　　世隨鬼入墓
　　　世
父　　Ｉ　　亥
財　　Ｘ　　丑

例： 本命隨鬼入墓

占問：占夫病 （癸亥命）

得卦：天火同人 （離8）

子	I	戌		申
	應			月
財	O	申		
兄	I	午	本命隨鬼入墓	戌
鬼	I	亥	----------►	辰
	世			日
子	II	丑		
父	I	卯		

例： 卦身隨鬼入墓

占問： 占工作

得卦： 火澤睽 (艮 5)

父　　Ｉ　　巳

兄　　ＩＩ　　未　　　伏子財

子　　Ｉ　　酉

　　　世

兄　　ＩＩ　　丑

鬼　　Ｉ　　卯身 ⋯⋯⋯⋯⋯⋯▶ 戊辰日
　　　　　　　　　　　身隨鬼入墓

父　　Ｉ　　巳

　　　應

　　三種情況，是否真的，如古人所說那般嚴重？這是本章研究的課題，也希望憑藉我們的努力，一起去解開這個百年疑團。

　　野鶴老人在此節開端，力辟「隨鬼入墓」的不是，看他的分析，十分中肯，茲將其節錄如下：

「執此數論，若逢辰戌丑未之日，竟不敢占卦，非世臨鬼、即卦身臨鬼、即本命臨鬼，然又不獨辰戌丑未日而他日亦不敢占，何也？卜卦之中不免有二三墓爻發動，非世命而入、即二身而入、及動而化墓、非世爻動化、即二身動化，再不然難保其本命不化墓也，一卦之中不必看刑沖剋害破散絕空……」

『隨鬼入墓』之三大論調

根據以上節錄，可將野鶴老人的觀點，歸納成三大論點。

〔一〕斥「辰戌丑未」日不可占之說

如按「日墓」的推論，若在辰戌丑未四天占問，便有危險，因為世爻、本命、卦身三個位置，佔了六爻中之三爻，這樣，它們有一半的機會持官鬼爻。倘若說卦身可能落在世爻、本命兩位，那麼仍然有三分一的機會構成「隨鬼入墓」。假使真的如此，誰又會願意冒這個風險，在這幾天裡來卜卦呢？

補充:

　　如是這樣, 既然有「日墓」, 便應該有「月墓」和「年墓」, 才會起平衡作用。單論「日墓」, 用法是否有偏, 留待有心人去研究和印證。

〔二〕斥「官爻入墓」不可占之說

　　即使不是「辰戌丑未」日, 一般人也不敢去占, 皆因卦中可能有墓爻發動, 亦可能有世爻、本命、卦身持官爻而被迫入墓, 在這種情況下, 同樣構成「隨鬼入墓」。若是這樣, 天天不可卜, 日日不可占, 一切合乎情理嗎?

〔三〕斥「入墓必死, 出墓必生」之說

　　若依此法則, 占問疾病, 只看「隨鬼入墓」, 便知凶危。不論卦中爻辰的「生扶拱合與刑沖剋害」, 判卦不是過於兒戲嗎? 以「入墓必死, 出墓必生」的推斷方法, 這並非正確的斷卦之道。

補充：

六爻斷事，主要是五行的運用，因此，才有爻辰旺弱的推斷。不論是靜卦或動卦，各爻之間，存在力量的比拼，得失也在其中。若單憑「隨鬼入墓」的情況而作出判斷，根本不合情理，若是如此，未免太看輕六爻的深度了！

原著者的三點分析，確實合理。接下來，提到實例驗證，他取驗而棄不驗，本是去蕪存菁的正確做法，不過，打開他的例子，分析似是而非，與上述三點，並非一致，不免令人產生疑惑！

「余屢於疾病之占卦，卦卦留神，見世爻旺者二身隨鬼入墓而不死也。本命隨鬼入墓而不死也，存留驗，不驗又試，試之不驗，而再試之，一而十，十而百，全不驗者，始盡刪之，便是世爻用爻隨鬼入日墓入動墓或動而化墓，亦是休囚無氣始見危，若旺而有扶亦有求解。」

心一堂當代術數文庫・占筮類

上述節錄，最值得我們留意的是這數句：

「世爻用爻隨鬼入日墓入動墓或動而化墓，亦是休囚無氣始見危，若旺而有扶亦有求解。」

「隨鬼入墓」兩個結論

野鶴老人從「占疾病」的實例中，經印證而得出兩個「隨鬼入墓」的結論：

1. 官鬼爻旺相，入墓可得解救。
2. 官鬼爻休囚無氣，入墓才見凶危。

在一般情況下，用實例驗證，最具說服力，也是沒法去質疑的，但是，對有易卦基礎的朋友來說，腦海不免閃過一個疑問。究竟官鬼爻旺與弱，怎樣去定其吉與凶呢？或許，我們應該冷靜下來，調節思緒，從五行根本，重新整理，按步分析，相信不難找出答案來。

拆解「隨鬼入墓」兩個結論

　　兩個結論，存在不少疑團，應運用基本原理，將它們逐一拆解。

1〉拆解『官鬼爻旺相，入墓可得解救』

　　一般用卦的朋友都知道，占疾病，以「官鬼爻」為用神，官鬼爻主病，最怕受生受扶，反喜受刑受剋，可將疾病控制。如沒有理解錯誤，野鶴老人所說的「有扶」，推斷是「官鬼爻」得到生扶。不過，當官鬼爻受生受扶之時，並不是件好事，表示疾病得到支援，病菌逐漸擴散，情況日益轉差，問者的身體，尤如朽木枯枝，很難支撐下去。

　　若其人帶著羸軀弱體，反不懼入墓，而且得救，不知其理據何在？倘若野鶴老人採用「用神」旺相，有利占問的斷法，這證明他對六爻的運用並不全面。假使後學跟隨他的論調斷卦，他們必越走越遠，心中

疑惑叢生，最終迷惘而不知方向！

不同課題，有不同用神，而用神的意義，亦有分別，因此，我們不能主觀地認為，「用神旺，一定好；用神弱，一定差」的想法，若是這樣，占者便跌入了六爻的盲點，容易判斷失誤。

既然用神「官鬼爻」乘旺，人逢重病，便不宜動化入墓，它有帶病延年的意象，或具死亡訊息，這跟野鶴老人的「官鬼爻旺相，入墓可得解救」論調，完全相反，究竟誰對誰錯，大家多斷數支卦，多作印證，自會清楚明白。

有關「日墓」之說，近乎無稽之談，讀者不必太在意。

「官鬼爻」的五行，可能是「金水木火土」其一，不同日辰，對官鬼爻產生不同的「旺相休囚死」。

若日辰為「未」土，便會出現下列五種情況：

日辰「土」同氣「土」官鬼爻，官鬼爻為『旺』
日辰「土」生「金」官鬼爻，官鬼爻為『相』。
日辰「土」洩「火」官鬼爻，官鬼爻為『休』。
日辰「土」不生不剋「木」官鬼爻，官鬼爻為『囚』。
日辰「土」剋「水」官鬼爻，官鬼爻為『死』。

若日辰為「子」水，五種情況又會不同：

日辰「水」同氣「水」官鬼爻，官鬼爻為『旺』。
日辰「水」生「木」官鬼爻，官鬼爻為『相』。
日辰「水」洩「金」官鬼爻，官鬼爻為『休』。
日辰「水」不生不剋「土」官鬼爻，官鬼爻為『囚』。
日辰「水」剋「火」官鬼爻，官鬼爻為『死』。

按野鶴老人的說法，「金」官鬼爻和「土」官鬼爻臨旺臨相，當事人必然得救。

但要知道「官旺子難剋」的道理，子爻為藥，也

為治療，官爻當旺，子爻必退氣，病根難除，何來救助之理？

還要多提一點，不是任何五行的官鬼爻化土，便合入墓，若是，斷卦便失去了準則，有關此點，稍後會詳加交代。

2〉拆解「官鬼爻休囚無氣，入墓才見凶危」

「官鬼爻」休囚，表示爻辰不在生旺之狀態，相對而言，子孫爻一定乘旺，這刻，它自然能將官鬼爻制伏，基本上，病情一定不嚴重，這是一般用卦常識，無用多加解釋了。

「官鬼爻」在休囚狀態，本身力量微弱，或臨於絕地，不過，在絕地中發動，亦不可視之無力，這一點，相信各位翻看古今卜易書籍，無一提及，有關此點，容後再談。現在要考慮的問題，是為何「官鬼爻」會動化入墓？它是想自掘墳墓，還是另有盤算？

我們用卦，不可單憑『隨鬼入墓』一爻來作總結，否則，判卦便流於武斷。要準確推斷卦象，應從整體去分析，先看六爻排列，後定爻辰旺弱，再推動爻得失，才可定出吉凶，這是較佳的做法。

　　有時，六爻結構健康，即使是動化入墓，只表示當事人痊癒後，可能要多一點時間來調理身體或休息而已。野鶴老人所說的「休囚無氣始見危」，凶在何處？卻未有點出，其論據膚淺無力，真的無法令人信服。他的說法和結論，自然是不攻自破！

「四墓庫」之原理及用途

　　「隨鬼入墓」這個組合，包含「官鬼爻」和「墓庫」兩樣東西。「官鬼爻」在不同的課題上，有不同的演繹和解釋。占事業，官鬼爻主工作；占出門，官鬼爻主驚恐、意外；占學業，官鬼爻主成績；占疾病，官鬼爻主病情。對一般用卦的朋友來說，「官鬼爻」容易明白，但是，對於「墓庫」的含意，各人意會不同，

領悟有別，不過，對初學者而言，辰戌丑未四種不同硬度的土，確實較難理解和掌握。

「墓庫」這個名稱，的確教人有點狐疑！其實，所謂「墓庫」，是指「辰、戌、丑、未」四個地支，它們在五行中皆屬土。從外觀形態來看，「土」的本質，總給人一種堅實的感覺，而且四邊皆是牆，因此，當官鬼父動化入墓，便帶有一種埋葬的意味，令人意會到，入墓是一個死亡訊號，顯示占問之事，必然凶終隙末。

既然「墓庫」給人種種解不開的疑惑，我們便應該好好的正視這個問題，將其迷霧撥開，展示其原本的面目，才可讓後學按圖索驥，找出「墓庫」的功能及其用處，不致被名目所惑，嚇致半死！

要分清「墓庫」的本身特性，便要了解「辰、戌、丑、未」在五行中，同樣屬土。但是，它們蘊藏的氣，卻並非完全相同，因此，前人將它們分成四個地支，四種寫法，基本上，「墓庫」可被劃分為四個獨立個體。

申子辰合水局，「辰」為水庫。

寅午戌合火局，「戌」為火庫。

巳酉丑合金局，「丑」為金庫。

亥卯未合木局，「未」為木庫。

以下把它們分成不同的墓庫，便可將每個墓庫，獨立地去深入分析和研究。

1〉「辰墓庫」

「申子辰」三合水局，所以，水局以『辰』土為水庫。為什麼『辰』土會成為水庫？當中自有解釋。其實，辰土帶有一種張力，將水份束緊、儲藏，土質可長期保持濕潤，這是水庫獨有的特點。

2〉「戌墓庫」

「戌墓庫」能成為火庫，皆因戌土堅厚，將火封鎖，不讓火燄出來為禍。火本身有生土的本能，在墓庫內

不斷燃燒，不斷生土，戌土便能逐漸壯大，逐漸增厚，所以，戌土帶有成長的意象。

3〉「丑墓庫」

「丑」土位於北方濕地，土質濕潤，又如塘泥般黏幼，礦物可依附其上，故為金庫。濕時為泥，乾時為磚，是丑土的特性。

4〉「未墓庫」

亥卯未合木局，「未」土本為木庫，故土質要鬆軟，內藏成千上萬的氣孔，可讓新鮮空氣和養份流進，使草木得以生長，故木庫不可以堅固兩字來形容。因為「未」土位於南方，南方火力仍在，同樣有生土的能力，固「未」土亦有增長的意味。

總括而言，每個墓庫只能盛載有關自己五行的物件，即金入「金墓庫」、水入「水墓庫」、木入「木墓庫」

和火入「火墓庫」等。由此觀之，所為「入墓」之說，實在有很大的局限。

本人的理解和研究得出，較合理的入墓，跟合局有著莫大的關係。正確的入墓，應該是按五行所屬來配置的：

「子、亥」兩地支屬水，要入「水墓庫」，若它們動化為「辰」土，是為入墓，其它則不是。

「申、酉」兩地支屬金，要入「金墓庫」，若它們動化為「丑」土，是為入墓，其它則不是。

「寅、卯」兩地支屬木，要入「木墓庫」，若它們動化為「未」土，是為入墓，其它則不是。

「巳、午」兩地支屬火，要入「火墓庫」，若它們動化為「戌」土，是為入墓，其它則不是。

爻辰動化，前後見到以上的配合，才算合理，各位不妨用這個方法試試，相信你們一定找到滿意答案。如果真的出現「隨鬼入墓」的卦象，也不用呼天搶地，除了個別情況外，一般而言，只要收斂鋒芒，不強出頭，不冒險投機，待弱運過去，一切便可回復光彩，重新起步。

《增刪卜易》－「隨鬼入墓」卦例分析

　　為了更清楚野鶴老人對「隨鬼入墓」的觀點，最好拿他的卦例來討論。

〔書例1〕
申月戊辰日占夫病（癸亥命）
得同人之離

子	I	戌空	
	應		
財	O	申	未子
兄	I	午	
鬼	I	亥空	
	世		
子	II	丑	
父	I	卯	

註：書例沿用本卦卦氣排後六親

斷曰：妻占夫，亥水官星為用神，墓於辰日，乃夫星夫命皆入墓於辰日，古法斷之必死。

餘曰：不獨不死，明日愈。何也？辰日衝動戌土以生申金，因世爻亥水空亡不受其生，明日己巳沖起亥水，得遇金生，其病如失，果於次日大愈。

野鶴老人清楚地指出他斷此卦的理據及推斷方法：

★辰日衝動戌土子爻，生申金財爻，其實，他想暗示，財爻去生官星亥水。

★因亥水官爻旬空，不受財爻生旺。

★己巳日，日辰「巳」火，沖起亥水官爻，是為旺，不怕入日墓，並且痊癒。

從表面看來，好像理據充足，推斷有法，究竟是否真的如此？且看本人以下分析。

卦例分析

★官爻主病，現世持官爻亥水旬空，日辰來剋，是病不嚴重的卦象。

★應爻子爻戌土旬空，被日辰沖實，子爻剋官，世應兩爻的訊息發放，已知病情受控。

★財爻申金重動，早前病情惡化，幸好化出未土子爻，加強治療，令病情好轉，身體逐漸康復。

★因為官爻亥水，重重受制，已呈敗象，至己巳日，日辰「巳」火，沖破亥水官爻，官爻破，病即除。

★從五行生剋的分析，已將病癒過情拆解。

★此卦官鬼爻根本不是旺相，硬將它說成『旺』，硬將它說成入『日墓』，硬要製造一個「隨鬼入墓，官爻旺相可解」的卦象。這種做法，無助易卦的發展，更妨礙後學的學習，真不知野鶴老人的用意何在！

　　從書中之卦例，便知野鶴老人裝卦從簡，對不熟悉易卦的初學者而言，並不太適合，本人始終認為，以爻變的方法排卦較好，從本卦爻辰發動至變卦的鋪排，看上去絲線較為清晰，現將此卦用爻變方法重新排出，給各位參考，大家可作一比較。

心一堂當代術數文庫・占筮類

〔爻變裝卦方法〕

占問：占夫病（癸亥命）

得卦：天火同人（離8）化 離為火（離1）

空亡：戌、亥　卦身：寅

卦爻	六親	卦象	飛神	伏神	變卦／後六親

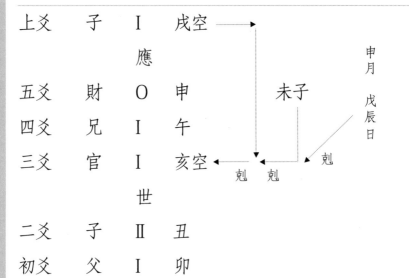

上爻	子	I	戌空		
		應			
五爻	財	O	申		未子
四爻	兄	I	午		
三爻	官	I	亥空		
		世			
二爻	子	II	丑		
初爻	父	I	卯		

這種排法有好處：

第一，清楚看到卦中各個爻辰的生剋。

第二，不難分清日辰月建對用事位置的影響。

第三，從爻辰變動，容易捕捉動爻對全局得失的改變。

【竅門提點】

◆世應旬空，表示事情並不實在。

◆日辰「辰」土剋世虛弱「亥」水官爻。

◆財爻動化子爻剋世官爻。

〔書例2〕

占問：戌月 甲寅日會試能聯捷否

得卦：雷山小過（兌7）化艮為山（艮1）

父	X	戌		寅財
兄	II	申		
官	O	午	伏亥子	戌父
	世			
兄	I	申		
官	II	午	伏卯財	
父	II	辰		
	應			

註：書例沿用本卦卦氣排後六親

斷曰：世爻隨官入三墓，動墓，化墓，又入月德之墓，明歲辰年沖開墓庫，發榜之期，又遇辰月沖開三墓，不獨連登定中鼎甲，日月合成官局，旺相當時，卦之全美，如玉無瑕，果然傳臚三唱。

野鶴老人的推斷理路，可分成三點：

1. 世午火官入三墓，官爻旺強：

其一，是午火動化入戌為『化墓』；

其二，上爻戌動為『動墓』；

其三，值戌月為『月墓』。

占問：戌月 甲寅日會試能聯捷否

得卦：雷山小過（兌7）化 艮為山（艮1）

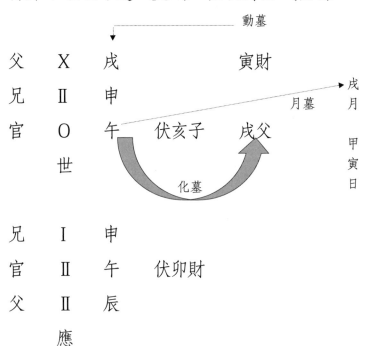

2. 日月世爻合成『寅午戌』官局，官爻旺。

占問：會試能聯捷否

日期：戌月 甲寅日

得卦：雷山小過（兌7）化艮為山（艮1）

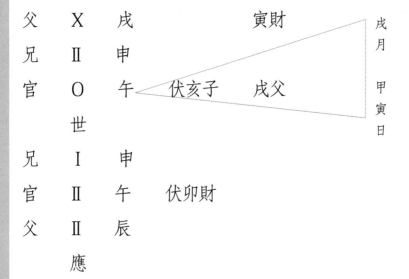

父　　X　　戌　　　　　　寅財

兄　　II　　申

官　　O　　午　　伏亥子　　戌父

　　　世

兄　　I　　申

官　　II　　午　　伏卯財

父　　II　　辰
　　　應

戌月　甲寅日

增刪卜易之六爻古今分析

3.辰年辰月沖開三墓，便可報捷。

占問： 會試能聯捷否

日期： 戌月 甲寅日

得卦： 雷山小過 （兌7） 化 艮為山 （艮1）

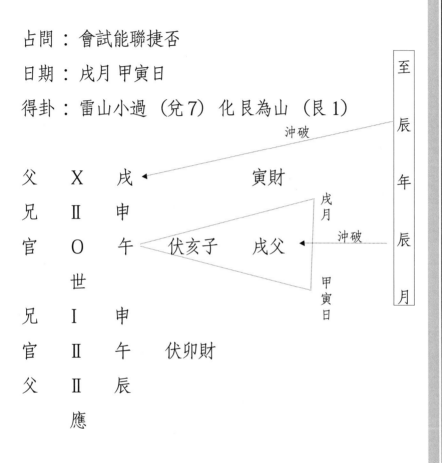

父　　Ｘ　　戌　　　　　　　寅財

兄　　Ⅱ　　申

官　　〇　　午　　伏亥子　　戌父

　　　世

兄　　Ｉ　　申

官　　Ⅱ　　午　　伏卯財

父　　Ⅱ　　辰

　　　應

沖破

戌月

沖破

甲寅日

至辰年辰月

註： 書例沿用本卦卦氣排後六親

卦例分析

★野鶴老人認為，官爻旺相，便不怕入墓。本卦世爻午火，跟月建戌土，日辰寅木，合成「寅午戌」火局，所謂官爻得勢，入墓亦吉。問題是，判卦要看重（O）交（X）兩爻，世爻重動，化作戌土，日月之合，已成過去，現在是理解為世臨月建，是不是更加合理？

★其實，午化戌是否一定入墓，在這階段，還未有人百分百確定，全都是假設性居多。按此卦例，世爻午火化戌土，午戌兩爻並列，能成合局，只欠「寅」木一支。真的無巧不成話，上爻交動，化出「寅」木，恰巧湊成「寅午戌」三合局，這個由卦內爻辰合成的局，看起來，都比較合情合理。大家先看看三合火局圖，便清楚明白。

卦內合成「寅午戌」三合火局

得卦: 雷山小過 (兌7) 化艮為山 (艮1)

卦爻	六親	卦象	飛神	伏神	變卦/後六親
上爻	父	X	戌		寅財
五爻	兄	II	申		
四爻	官	O	午	伏亥子	戌父
		世			
三爻	兄	I	申		
二爻	官	II	午	伏卯財	
初爻	父	II	辰		
		應			

註: 書例沿用本卦卦氣排後六親

卦例分析

★其所說的「辰年」破局, 是沖開三墓, 便可報捷, 其實,
他的解釋, 未見詳盡。這支卦, 配上六獸, 真實卦意,
才會浮現出來。

心一堂當代術數文庫・占筮類

不信？請看下圖，配上六獸後，便可進一步分析。

得卦：雷山小過（兌7）化艮為山（艮1）

卦爻	六獸	六親	卦象	飛神	伏神	變卦／後六親
上爻	玄	父	X	戌		寅財
五爻	白	兄	II	申		
四爻	蛇	官	O	午	伏亥子	戌父
				世		三合火局
三爻	勾	兄	I	申		
二爻	朱	官	II	午	伏卯財	
初爻	龍	父	II	辰		
				應		

卦例分析

★行至辰年辰月時，此卦會否沖開合局是其次，主要是「青龍父爻」臨太歲，值月建，力量強大。青龍為喜慶的意象，加上父爻主消息，便引伸為中榜的克應。

100

其實，這支卦跟入墓，根本沒有直接的關係，沒必用來穿鑿附會！

【竅門提點】

◆世生應，要付出。

◆三合局主合著，主等候。沖破合局，便成應期，不過，結局不一定吉。

◆要善用六獸的「意象」。

如申月己丑日占病（壬申命）

得雷風恒

財	Ⅱ	戌	
	應		
官	Ⅱ	申	
子	Ⅰ	午	
官	Ⅰ	酉	
	世		
父	Ⅰ	亥	伏寅兄身
財	Ⅱ	丑	

斷曰：此卦日命隨鬼入墓，世爻隨鬼入墓，世身又落旬空，卦身又臨月破，若執古法斷之，百無一生，因世爻旺相，許未日愈，果起床於未日，應未日者，沖開丑墓之日而出也。古法以墓為沉滯昏迷之象，此說近理，此人病中不思湯藥，昏昏沉沉至未日，忽然甦醒，不藥而愈，豈可一概謂之隨鬼入墓也。

野鶴老人的論點：

★官爻旺相,可解劫,不用理會古法「隨鬼入墓」之說法。

★未日沖開日墓丑土, 不藥而愈。

〈弄清概念〉

在分析前, 先將此卦概念弄清。

◆所謂「命」隨鬼入墓,指壬申年出生的人,以金為官鬼,入於日墓丑土而言。

◆「世爻隨鬼入墓」, 是世持酉金官鬼爻, 同樣入日墓丑土。

◆「世身又落旬空」不對, 己丑日占卦, 順數庚寅、辛卯、壬辰、癸巳, 所以, 應該是午、未旬空。何來世爻酉金、卦身寅木兩爻入旬空呢?

◆「卦身又臨月破」又錯, 這支卦, 卦身寅木是伏神, 月建是沖不到的, 根本不成月破。

此卦例錯處很多, 大家要留意。

野鶴老人說: 「未日沖開日墓丑土, 不藥而愈。」說得輕易, 是不是真的如此?

心一堂當代術數文庫・占筮類

財	II	戌	
	應		
官	II	申	
子	I	午	
官	I	酉	
	世		
父	I	亥	伏寅兄身
財	II	丑	

申月 己丑日

沖開丑土

未日

按卦象結構, 其實, 他的推斷, 還是不足以相信的。

古代讀書人少, 研究易卦者也不多, 相信很少人花精神去研究解釋, 是否合推斷原則。原著者怎樣說, 他們只會照單全收, 視錯誤的為真理, 不但害了很多學卦的人, 也害了很多來問卦的人, 這樣, 會令有學識人仕, 唾棄易卦, 對有心六爻的同好, 最不想見到的。

因此，本人運用判卦原則，再將此卦解釋一次，希望能提供後學，多一條思考的途徑。

占問：申月己丑日占病

得卦：雷風恆 （震4）

卦爻	六獸	六親	卦象	飛神	伏神	變卦/後六親
上爻	勾	財	II 應	戌		
五爻	朱	官	II	申		
四爻	龍	子	I	午		
三爻	玄	官	I 世	酉		
二爻	白	父	I	亥		寅兄/身
初爻	蛇	財	II	丑		

申月己丑日---至未日

丑戌未三刑

午未合

卦例分析

★問病，世應出現「酉戌相穿」，已有暗損的意象。

★日辰刑應，令財爻生官的力量減弱，病情便得以緩和。

★土是「財爻」，是生官之原神。

★未日與本卦之日辰「丑」和應「戌」組成「丑未戌」三刑，主瓦解、崩塌、消失。

★因財爻瓦解消失，失去生官的力量。

★再者，未日與午火子爻相合化火，破世酉金官爻，官爻被破，病即消退。

★整支卦土氣太重，多屬飲食失衡，脾胃之症，病情並不嚴重，只要多吃清淡食物，休息數天，自可痊癒。

★這支卦，非野鶴老人所說「未日沖開日墓丑土，不藥而愈。」，而是財爻瓦解，官爻遭破，才是主因。判其為「隨鬼入墓」，未免想得太多了。

【竅門提點】
◆注意「丑戌未」的力量及克應。
◆留意「午未合」的意象。

〔書例4〕

占問: 如未月戊辰日佔已定重罪可蒙赦免否

得卦: 蠱之損

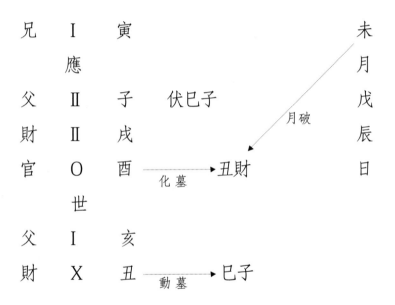

兄　Ｉ　寅　　　　　　　　　　　　　　　　未
　　應　　　　　　　　　　　　　　　　　　月
父　ＩＩ　子　　伏巳子　　　　　　　　　　戊
財　ＩＩ　戌　　　　　　　　月破　　　　　　辰
官　Ｏ　酉　───→丑財　　　　　　　　　日
　　　　　　　化墓
　　世
父　Ｉ　亥
財　Ｘ　丑　───→巳子
　　　　　　動墓

　　斷曰: 世爻隨鬼入動墓, 又動而化墓, 古以為凶, 余以為吉。斷日月生世, 丑墓月破, 破羅破網, 容易而出。明歲酉年定蒙赦免。果於次年辰月蒙赦而出。

野鶴老人的論點：

★斷「隨鬼入墓」，日月生旺世官爻酉金，他以此為吉。

★丑墓月破，破羅破網，次年酉年辰月，獲赦出獄。

　　要準確地推斷卦象，不要省略任何一個環節，因此，我們先要排出一支原整的卦，它必需包括六獸、卦身、變卦等，這樣，在推斷時，便不會有所遺漏。

請看下圖分析：

占問：未月戊辰日 占 已被定重罪可被赦免否

得卦：山風蠱（巽8）化山澤損（艮4）

卦爻	六獸	六親	卦象	飛神	伏神	變卦／後六親
上爻	朱	兄	I	寅身		
				應		沖動白虎財爻 未
五爻	龍	父	II	子	巳子	月
四爻	玄	財	II	戌		戊
三爻	白	官	O	酉		丑財　辰
				世	三合	日
二爻	蛇	父	I	亥		
初爻	勾	財	X	丑		巳子

註： 書例沿用本卦卦氣排後六親

卦例分析

★世爻酉金，動化丑土，跟初爻巳火，合成「巳酉丑」金局，主受困。其實，這金局被月建「未」土沖開，

並不是如野鶴老人所說被沖破，反而將白虎財爻沖動，是為破財之兆。

★因此，應位出現朱雀兄爻持卦身，呼應世爻，是財可通神的意象。

★至酉年，青龍父爻子水得太歲所生，所問之事，有正面消息。辰月沖玄武財爻戌土，只要付足金錢疏通，一切都好辦，可以說這是古代的官場文化。

★按卦象，並非辰月釋放，而是巳月，獲赦出獄的機會大。

★這支卦，按一般的五行推斷，已找到答案，何須在入墓和破墓中去打轉呢！

【竅門提點】

◆白虎財爻是破財徵兆。

◆卦身在應持兄爻，一切處於被動狀態。

◆卦中伏了青龍父爻，是解厄的訊號。

總結「隨鬼入墓」

「隨鬼入墓」這四個字，認真嚇人，嚇怕了不少有心學易卦的朋友，他們認為，這個『鬼』字，或多或少，總帶點靈異成份，教他們在易卦門前，戛然止步！因此，由此章節開端，本人逐步展示「隨鬼入墓」的結構，期望讓讀者們，認清其真正面目，不要望文生義，自生恐懼，令「易卦」之名，在其心中，留有陰影。

「隨鬼入墓」只是一個名詞，沒什麼值得懼怕！前有古法，將入「三墓」定為凶；後有野鶴老人，將「官旺」定為吉。他們並不知道，墓庫有收藏、遁跡之意，而官旺有發狂、恐懼之態，因此，兩者立論，都有缺漏，是他們刻意的隱藏，還是將附會當真，本人無法確定。無論如何，這一切已對後來之學者，造成嚴重的學習障礙，更糟糕的是，時至今天，還有些師傅，仍然強調「辰戌丑未」四日不可卜之無稽之談，聞之，不無有錐心之痛，也只能苦笑作罷！

所謂入三墓，即「動墓」、「月墓或日墓」、「化墓」，三者情況不同，本人認為只有『化墓』較合理，其餘兩墓，不知是否附會而來，總覺不對勁。看看下面分析，大家自辨真偽。

「月墓或日墓」

　　十二地支，「辰戌丑未」佔其四，日和月的地支循環流轉，試想想，遇上月墓或日墓的機會何其大！若是這樣，判卦不是有點兒戲嗎？

「動墓」

　　卦中之「辰戌丑未」其一或其二發動，稱為『動墓』，墓動可埋官鬼爻，聽來並不合理。如果官鬼爻屬金，土動生金，它不是來生官鬼爻嗎？何來有入墓之說法？其餘官鬼爻的五行，跟動墓的關係，大家不妨細心想想，便會明白當中理路，是否合符常理？

若官鬼爻屬水，土動來剋。

若官鬼爻屬木，土動能否埋木，看日月有否幫扶，假使官鬼爻值日，土動也不可將木埋葬。

明其理，便不會跌入前人設下的迷局，變成迷途的小羔羊！

「化墓」

三個入墓中，以『化墓』較合情理。世持官鬼爻動，化出一個墓庫來，此為動化入墓的基本條件。條件符合，便要看看官鬼爻的五行，是否與墓庫配合 -「木入木庫」、「火入火庫」、「金入金庫」、「水入水庫」乃第二原則。若合符上述兩個條件，化墓才有根據，「隨鬼入墓」方可成立。

卦象見「隨鬼入墓」，古人斷為九死一生，凶險非常，在一些實例中，往往並非如此。入墓最大的特

點，是發揮其「收藏」的特性，如占事業，世持子水官鬼，重動，化出辰土墓庫，正是「隨鬼入墓」的結構。若按前人之法，短期內，事業傾敗，在所難免，不過，假使其人能收斂銳氣，不爭不鬥，甘於隱伏，保持實力，捱過失運時光，一兩年後，還可以東山再起，再闖事業高峰。

這裡有一卦例，現借來作出分析：

【實例】1

日期：2015 年 4 月 19 日

　　　乙未年 庚辰月 乙丑日

占問：余先生 占家宅

得卦：巽為風（巽1）化 天澤履（艮6）

卦身：巳　　　　　旬空：戌、亥

卦爻	六獸	六親	卦象	飛神	伏神	變卦/後六親

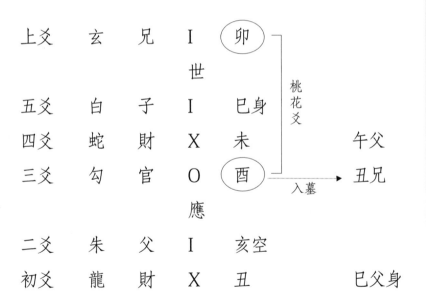

上爻	玄	兄	I 世	卯		
五爻	白	子	I	巳身		
四爻	蛇	財	X	未		午父
三爻	勾	官	O 應	酉		丑兄
二爻	朱	父	I	亥空		
初爻	龍	財	X	丑		巳父身

桃花爻

入墓

註：卦例用化卦（艮卦）卦氣排後六親

115

<古法原則>

★應位酉金官爻，重動丑土兄爻，出現所謂「隨鬼入墓」的結構。

★若以古人的判卦原則，卦中出現「隨鬼入墓」，余先生一家必遭逢浩劫。

<野鶴老人觀點>

★野鶴老人也認為，官爻年月日生，旺相有氣，不怕入墓，遇災可得解救。

卦例分析

　　我們斷卦時，不應單以一爻來定好壞，要看六爻的鋪排，及用事爻的訊息傳送，才可作出整體性的判斷，因此，本人認為不論是古人的推斷也好，抑或是野鶴老人的推斷也好，始終存有偏差，未必能完全反映當事人的實際情況。以此家宅卦為例，獨取『隨鬼入墓』一爻來作定論，其判斷，可能會離題萬丈，如捕風捉影，又怎教人信服呢？

以下是本人對此卦的解讀：

★斷家宅卦，以靜卦為宜，家庭才會安穩。

★此卦兩爻發動，基本上，余先生的家庭狀況，已起變化。

★若單憑『隨鬼入墓』一爻斷其吉凶，一切未免過於粗疏。

★我們要追查原因，就要從世應開始，世應卯酉，桃花相沖，最明顯的訊號，是余先生有婚外情緣，或在外拈花惹草。

或許你會問，為何酉金化入墓？其實，我們可以這樣理解的。

★在表面分析，酉金官爻化丑土兄爻，主破耗。要美人相伴，何妨多花點錢，只要大家開心開心便是。將丑土兄爻解釋為破財，倒是合情合理。

★丑土墓庫，亦有收藏的意象，也可推斷他已有收斂的行徑。

★為何他會收斂？因為卦身原故，一在父爻，回頭生財，他非常在意這段婚姻；一在子爻，他心繫兒女。

★綜觀各爻，主要反射出「婚外情」和「破財」兩個訊息而已。沒有古人所說的死亡災劫，也沒有野鶴老人所說的吉利。

　　實況：過去半年，余先生在內地先後跟多名女子搭上關係，支出倍增，其後太太發現，大吵一場，更收緊他的財政，自此他不得不收心養性。

　　以上卦例分析，乃本人希望將前人解釋「隨鬼入墓」的觀點，作出修正，令習易卦的朋友們，多思考，多分析，別再望文生義，一切應從合理角度去解讀卦象。

七. 合局疑團

　　合局有分「六合」和「三合」兩種，對於書中提到的某些用法，本人認為，並不合理，現將資料整理，與大家一同討論。

〔六合局法則〕

　　《增刪卜易》卷一，六合章第十九節談到六合，其相合之法則有六種。

　　『日月合爻者一也。

　　　爻與爻合者二也。

　　　爻動化合者三也。

　　　卦逢六合四也。

　　　六沖卦變六合卦五也。

　　　六合卦變六合卦六也。』

其中有些觀點，值得我們去探討的：

『爻與爻合』與『卦逢六合』

　　原著者在書中提到這兩種合法，在成合的法則上，出現矛盾，讀後令人有點混淆。

　　「爻與爻合者，假令占得天地否卦，世應二爻俱動，卯與戌合是也，但有一爻不動，亦不為合」

　　「卦逢六合者，即如天地否卦，內外六爻自相和合是也，不動亦是。」

得卦：天地否 （乾4）

卦爻	六親	卦象	飛神	伏神	變卦／後六親
上爻	父	I	戌		
		應			
五爻	兄	I	申身		
四爻	官	I	午		
三爻	財	II	卯		
		世			
二爻	官	II	巳		
初爻	父	II	未	子子	

（六合：上爻「戌」與三爻「卯」）

　　以「天地否」為例，野鶴老人兩種合局說法，存在極大的矛盾。同一支卦，同一個例，為什麼用上兩種截然不同的法則？究竟何時取本卦靜爻相合？何時取動爻來合？他並沒有說明，讀後百思不得其解！

　　若以「卦逢六合」原則，世應「卯」、「戌」兩爻，靜靜相對，彼此互合，既然靜爻能成合，便有違「爻與爻合」的發動原則。

若以「爻與爻合」原則，「卯」、「戌」必需發動，才可成合，按此理據，「卦逢六合」的法則，便不應存在了。

野鶴前輩已作古，對於他兩種判卦原則，無法查問，我們只能憑用卦經驗，來個大推敲。

倘若比較兩者用法，「卦逢六合」比較合理，也比較容易理解，卦出得世應六合，表示占問事情，得到配合而能成功；用易卦的朋友都知道，爻動生變，是最基本的概念，暗示當事人的處境狀況，已開始起變化，會由刻下的階段，跳進到另一個境地。

要明白「爻合不變，爻動各奔」，爻既要動，又哪能相合？因此，「爻與爻合」的用法，怎能教人信服呢？雖然習卦多年，本人對爻辰發動成合之說法，一直存疑，假使不弄清箇中原因，在易卦的路途上，再難多行一步！

從最基本的概念去想，兩爻發動，仿如兩隻大鳥拍翼飛翔，一東一西，根本沒法將牠們捆在一起；再者，起動的爻，各自跳動，尋找自己的去向，怎能相聚相合，說起來不是有點天方夜譚嗎？不論是一爻在動也好，或是兩爻在動也好，都面對同樣的疑問。

本人認為，斷卦不要跳步，應「先看本體，後觀動變」，將卦中意象，前後互通，或逐步延展，才能理解通透，因此，若要準確地了解一支卦之演變，須要知道其時間上的分野。清楚由那處起步，經歷怎樣的人事，產生怎樣的效果，結局又是如何，這才算得上對卦象的理解。各位，請先看下圖，再看解釋，便明白本人的觀點和推論。

卦象階段演進圖

得卦: 天地否 （乾4） 化澤山咸 （兌4）

卦爻　六親　卦象　飛神　伏神　變卦/後六親

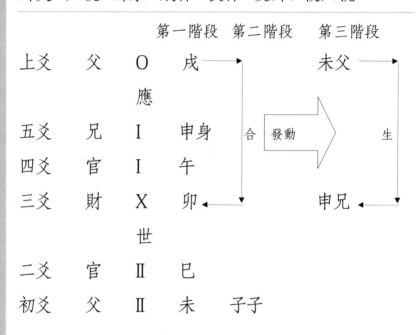

卦例分析

　　從以上卦例可以知道，卦象在時空上有三個演進階段：

〔階段一〕

　　靜態階段：本卦是「天地否」，世應正處於「卯戌相合」的狀態，一般主占問之事吉利。

〔階段二〕

　　發動階段：當卯、戌兩爻發動時，不論是「重動」抑或「交動」，世應便進入一個波動 時刻。合著的爻辰，因發動而分離。

〔階段三〕

　　新的階段：動化而生的爻辰，化成「澤山咸」卦，將卦象推進到另一境地，並與本卦產生新一輪的生剋變化，吉凶便由此而生。

　　這支卦由「天地否」化「澤山咸」，有時間上的先後，世應由『卯戌』相合的靜態，經中段的波動演化，再進入『未申』相生的動態，這樣，卦象透露的信息，便有始有終，絕不含糊。從這角度去理解卦象推演的「合」、「動」、「生」三個階段，是否合理？讀者可自行分析，作最終決定。

「六合爻不動，爻動合則散，化卦爻重生，再論吉與凶。」這裡說明了一個很重要的概念 —「爻動合則散」，爻辰發動，又焉可保持成合的狀態？原著者的「動合」理論，本人認為並不足信，讀者不妨用實例來驗證，便可知其可信與否。

再者，書中另有敘述爻合之句：

「爻之合者，靜而逢合，謂之合起。動而逢合，合謂之合絆。」

野鶴老人可能也發覺靜合和動合的矛盾，所以，其後他加上兩句，解釋兩種合的結果。他個人認為，「靜合」叫合起，「起」有向上、正面的意思，推測其意，兩爻合而得成。

對於「動合」的解釋，又有他的風格。他指「動合」是合絆，「絆」即牽制，應理解為「合著不能動彈」的意思，不過他的說法，十分吊詭。

細心的讀者們，應留意到以下的問題：

★所謂「動而逢合」，是誰來合？是月建來合，是日辰來合，是它爻動來合，還是化出的爻辰來合，野鶴老人沒說清楚，叫讀者怎樣循正確方向去摸索呢？另外，「合絆」是一個怎樣狀態，他竟隻字不提！

★野鶴老人所講的「動合」，其實，兩爻在未發動前，已經處於「靜合」狀態，否則，動也不能成合。

若然成合，不外乎下列六種情況：

【子丑合】、【寅亥合】、【卯戌合】

【辰酉合】、【申巳合】、【午未合】

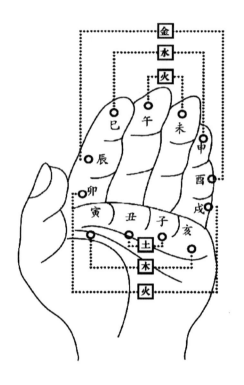

按此思路，「爻與爻合」與「卦逢六合」是同一組飛神地支，這樣，「靜合」和「動合」，都一樣可合，分成「合起」和「合絆」兩種，是不是畫蛇添足？

從他文中得出的結論，不論爻辰動與不動，都能成合，本人認為，這是極不合理的判卦原則。在探討「爻與爻合」與「卦逢六合」的部分，已解釋爻動不能合的原因，在這裡不再重覆。

「動值合而絆住」

　　《黃金策總斷千金賦直解》中，有「動值合而絆住」
一句，與野鶴老人的「合絆」，表面看來，沒有相異。
其實兩者立論，完全不同。《直解》的原則，世應兩爻，
在本卦中，是不成六合的，所以世應不會出現子丑、
寅亥、卯戌、辰酉、申巳、午未等組合。

　　若世應其中一爻發動，恰巧被合，動爻便被絆住
而動不得，這樣解釋，倒是合情合理，因此，我懷疑
原著者一直誤解「動合」的原意，因而產生不少原則
性的矛盾，自己的理解模糊，又怎可能將「靜合」和「動
合」的界線劃清呢！

　　至於何時可沖破合局，是很多學卦朋友的疑問，
這可以看以下解釋。

　　首先，我們要看誰來合我，誰令我動彈不得，目
標便指向他們，將他們推開，是首要任務。一般而言，

卦中只有三種合的情況：

1. 月建來合，日辰來合，及化出爻辰來合。

應怎樣去處埋和推斷破局日期？

基本上，行至六沖的月分或日子，便是破局時刻。

月建來合，要到沖月建的日子。

日辰來合，要到沖日辰的日子。

化出爻辰來合，要到沖化爻日子。

只要沖開來合的地支，合局即破，爻辰解困，繼續發動，完成任務。

例：日辰合我，至午日，沖破日辰「子」的合局

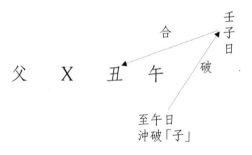

原著者的說法，原則不清不楚，前後互相矛盾，真不知其有意混淆還自己有誤而不自知！

增刪卜易之六爻古今分析

2. 爻動化合

「爻動化合者，假令占得天風姤卦、世爻丑動，化出子水作合是也。」

得卦：天風姤（乾2）化乾為天（乾1）

卦爻	六親	卦象	飛神	伏神	變卦/後六親

上爻	父	I	戌		
五爻	兄	I	申		
四爻	官	I	午身		
		應			
三爻	兄	I	酉		
二爻	子	I	亥	寅財	
初爻	父	X	丑		子子
		世	▲ 合		▲

註：書例沿用本卦卦氣排後六親

心一堂當代術數文庫・占筮類

原著者在此觀點上，將其合化，定於同爻位上，不知是故意抑或有所保留，已很難去考究了。事實上，爻動化合，不應只限於同位爻辰回頭相合，原著者只舉「天風姤」化「乾為天」為例。初爻丑土發動化子水，回頭合世爻，這是同爻位相合。同樣道理，應爻、卦身、用神等，也可被同位化出之爻辰回合，也可被它爻動化出之爻辰來合，受合的爻，是吉是凶，需看所占的課題而定，不要只持「合者為吉，沖者為凶」的概念，這樣斷卦容易失準。

例 一 間爻動化回頭合

得卦: 乾為天 (乾1) 化 風天小畜 (巽2)

卦爻	六親	卦象	飛神	伏神	變卦/後六親
上爻	父	I	戌		
		世			
五爻	兄	I	申		
四爻	官	O	午 ◄─────── 未父		
三爻	父	I	辰		
		應			
二爻	財	I	寅		
初爻	子	I	子		

註: 舉例沿用本卦卦氣排後六親

卦例分析

★間爻午火, 化出未土, 可回頭相合。

心一堂當代術數文庫・占筮類

例 一 它爻動化回頭合

得卦: 風天小畜 (巽2) 化 風山漸 (艮8)

卦爻	六親	卦象	飛神	伏神	變卦/後六親
上爻	兄	I	卯		
五爻	子	I	巳		
四爻	財	II	未		
		應			午未合
三爻	財	I	辰	酉官	
二爻	兄	O	寅		午子
初爻	父	O	子身		辰財
		世			

註: 舉例沿用本卦卦氣排後六親

★二爻寅木動化, 化出午火, 可回頭合應未土, 成「午未合」。

3. 三合局法則

三合局是術數基楚，它們是從十二地支中發展出來，基本上，每個學術數的朋友，都會知道。十二地支順序鋪排，寅申巳亥是四「長生位」，用此作起點，隔三位，取「帝旺」，再隔三位，取「墓庫」，便得出四種三合局的組合。

心一堂當代術數文庫・占筮類

『申子辰合成水局』　　『巳酉丑合成金局』

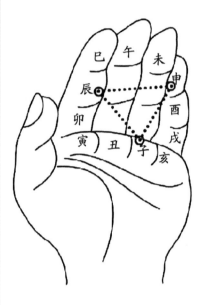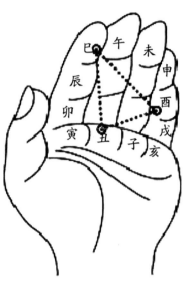

『寅午戌合成火局』　　『亥卯未合成木局』

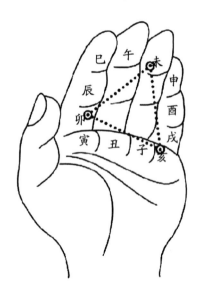

增刪卜易之六爻古今分析

將概念弄清楚後，下一步便可探討野鶴老人在易卦的層面上，怎樣運作三合局。

從書中，便可找到他的一套標準，現將其節錄如下：

「一卦之內有一爻動而合局者一也。

若兩爻動一爻不動亦成合局者二也。

有內卦初爻、三爻動，動而變出之爻成三合者三也。

又有外卦四爻、六爻動、動而變出之爻成三合者四也。」

野鶴老人在三合之「動」與「合」方面，其概念及用法，跟六合一樣，永遠說得模模糊糊，令人感覺怪怪，不明其重點何在！他說一卦之內，有一爻動或兩爻動，都可成為合局，究竟是與本卦六爻成合，抑或與動化後的爻辰成合，他沒有說清楚。

按其六合觀點及往下兩句，推知他應以本卦發動之爻成合，有關本人的看法，已寫在六合篇幅中，此處不贅。其後，他又作補充：

「但三合其局者，必要世爻在局者為美，若不在於局內，須要局生世爻為吉，局剋世爻為凶，三爻若有兩爻動，不成局，須待後之補湊合成其局，謂之虛三待用。」

這段節錄，野鶴老人提出三種「三合局」情況

第一，世持三合局爻辰，如三合木局由「亥、卯、未」三地支組成，世爻是亥，是卯，或是未，這是最好的三合局；

第二，動爻未能與世爻成合，但卻可跟本卦它爻成三合局，其合局的五行，如生旺世爻，可當吉論；若剋制世爻，則作凶斷；

第三，三爻有兩爻發動，成不了三合局，須後補餘下的地支，湊合成局，這是「虛三待用」。

對於以上三種情況，不妨拿來談談：

★世持三合局爻辰

世持三合爻辰成局，無可否認，許多時候，是重點所在，不過，他要本卦動爻才可合，這點，本人不敢認同。再進一步來說，若以本卦動爻為合局的基礎，可以大膽地說，一切都不合情理，大家不妨看看本人的看法。

不知大家有沒有留意，所有八純卦，都有構成三合局的爻辰，以乾卦為例，世在上爻持戌土，卦內必定找到「寅、午、戌」三個合火局的地支；又如兌卦，世持未土，卦中也一定找到「亥、卯、未」三個合成木局的地支，餘下六個，同樣出現這種情況，若原著者以此為據，只要八純卦內任何一個或兩個相關合局的爻辰發動，便成「三合之局」，這是否過於武斷？

所有八純卦，都有合局的地支：

例: 八純卦 ── 乾卦

得卦: 乾為天 (乾1)

卦爻　六親　卦象　飛神　伏神　變卦／後六親

卦爻	六親	卦象	飛神
上爻	父	I	戌
		世	
五爻	兄	I	申
四爻	官	O	午
三爻	父	I	辰
		應	
二爻	財	I	寅
初爻	子	I	子

三合局地支
「寅、午、戌」

增刪卜易之六爻古今分析

例: 八純卦 — 兌卦

得卦: 兌為澤 （兌1）

卦爻	六親	卦象	飛神	伏神	變卦/後六親
上爻	父	ⅠⅠ	未		
		世			
五爻	兄	Ⅰ	酉		
四爻	子	O	亥		
三爻	父	ⅠⅠ	丑		
		應			
二爻	財	O	卯		
初爻	官	Ⅰ	巳		

三合局地支
「亥、卯、未」

其次，從卦中，我們可看到「寅、午、戌」三個爻辰，是上下排列著的，如果這樣的結構也成立，卦內的地支，還可找到很多的配搭。從卦例中，可找出若干組合:

三合局: 「申、子、辰」三合、「寅、午、戌」三合

六沖：「辰戌沖」、「寅申沖」、「子午沖」

相生：「子生寅」、「午生辰」、「戌生申」

相剋：「寅剋辰」、「辰剋子」、「午剋申」

入墓：「午化入未墓」

例：在八純卦，可找到其它不同的地支組合：

得卦：乾為天（乾1）

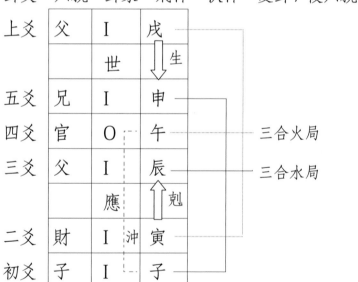

卦爻	六親	卦象	飛神	伏神	變卦／後六親

在判卦時，理應全部考慮，若按這種思維模式，卦中的生剋合破，永遠糾纏不清，這樣，應以哪一個標準來判斷一支卦的好壞吉凶呢？

爻辰發動，能否成合，已是值得商榷。發動的爻辰，尤如田徑場上的選手，一起步便全力向前，衝向終點，那股盲勁，沒法停止，不能停止的爻辰，又焉能成為三合之局呢？

心一堂當代術數文庫‧占筮類

例: 三合局之爻辰發動

得卦: 乾為天（乾 1）化 風天小畜（巽 2）

卦爻	六親	卦象	飛神	伏神	變卦／後六親
上爻	父	I	戌 世		
五爻	兄	I	申		
四爻	官	O	午		────────▶未父
三爻	父	I	辰 應		
二爻	財	I	寅		
初爻	子	I	子		

註: 舉例沿用本卦卦氣排後六親

三合局與世關係

「若（世）不在於局內，須要局生世爻為吉，局 剋世爻為凶……」

根據原著者以本卦動爻來合局，其不合理之處，本人已作解釋，不再多提，現按原著者的原意，將合局對世的一生一剋，分兩卦例圖列出，讀者可作參考。

例：三合局生世 （參考）

得卦：艮為山 （艮1） 化 山火賁 （艮2）

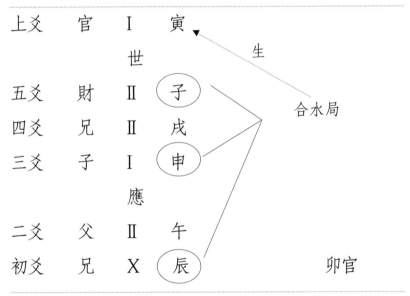

卦爻	六親	卦象	飛神	伏神	變卦 / 後六親
上爻	官	I	寅		
		世			生
五爻	財	II	子		
四爻	兄	II	戌		合水局
三爻	子	I	申		
		應			
二爻	父	II	午		
初爻	兄	X	辰		卯官

註：舉例沿用本卦卦氣排後六親

★三合局生世，原著者以此為吉利。

心一堂當代術數文庫・占筮類

例：三合局剋世　（參考）

得卦：巽為風（巽1）化風水渙（離6）

卦爻	六親	卦象	飛神	伏神	變卦/後六親
上爻	兄	I	卯		
		世			
五爻	子	I	巳		
四爻	財	II	未		
三爻	官	O	酉		午子
		應			
二爻	父	I	亥		
初爻	財	II	丑		

剋

合金局

註：舉例沿用本卦卦氣排後六親

★三合局剋世，原著者以此為凶。

卦例分析

本人認為，六爻有任何一爻、兩爻、三爻，甚至四爻五爻發動，它或它們化出的爻辰，都可跟用事位合成三合局，這才是合得有情，用得有理，大家不妨花點時間，用實例去印證。

請看下圖，世酉金化丑土，本來是化入墓的，剛巧應是巳火，配合成「巳酉丑」三合局，這種因爻辰變動而「回頭成局」的用法，最能反映事情的實際狀況。

例：動化三合局

占問：黃先生占事業

得卦：火澤睽（艮5）化地澤臨（坤3）

卦爻	六親	卦象	飛神	伏神	變卦／後六親
上爻	父	O	巳		酉子
五爻	兄	II	未	子財	
四爻	子	O	酉		丑兄
		世		三合金局	
三爻	兄	II	丑		
二爻	官	I	卯		
初爻	父	I	巳		
		應			

註：舉例沿用本卦卦氣排後六親

卦例分析

　　此例中，我們可理解到，卦象由剋變合的始末變化。本卦是應剋世，當事人在占問的事情上，一直受制，他動而求變，並找到了新的方向，迎合各方需求，

使大家團結合作，這是卦象要表達出來的原意。

其實，本人所運用的方法，原著者在書中，亦有提及。

「有內卦初爻、三爻、動而變出之爻成三合者三也。又有外卦四爻、六爻動、動而變出之爻成三合者四也。」

這不就是跟本人的說法相近嗎？不過，原著者指出的動化，要分開上卦和下卦來變，也分開上卦和下卦來合，上下卦爻既不能互用，也不能互合，因而整支卦象，便變得支離破碎，判斷時，容易失去理路，錯判亦不足為奇。

此外，本人從書中內容，發現原著者判卦技巧，善於走動，時而這，時而那，標準不一，前後矛盾，不按原則，喜則能取能轉，惡則能改能刪。初時表示只有本卦動爻才可合，後來又指出，可用化卦後的爻辰來合，可見他既無準則，也欠說服力。究竟怎樣去作出取捨，並沒有交代清楚，對學卦者而言，無疑是多了一重的障

礙。更甚的是，原著者斷不可以單日用「動合」，雙日用「化爻」來作推斷，若是如此，易卦便變得怪誕無稽了。

「虛三待用」

若本人沒有理解錯誤，所謂「虛三待用」，其實是指三合局所欠的一個地支。如上卦有「子、申」兩爻，餘下一爻發動，化出又不是「辰」，這樣當然合不成「申子辰」水局，因「虛」是指「辰」土而言。原著者說以湊合方式去填補失落的爻辰，怎樣去補？他並沒有交代。

以本人推斷，比較可行的方法，是以日辰或月建來填補。因為既然沒法在卦上找到「辰」土，便要留待月建或日辰帶「辰」來湊合成局，當行至「辰」月或「辰」日，是成合局之時，也可能是克應之日。

再以下卦三爻舉例（看例圖），下卦見「寅、午」，二爻發動化「巳」，不成到「寅午戌」火局，同樣留待日辰或月建來湊合可也。

例：下卦化出的爻辰，未能回頭成局

得卦：風水渙（離6）化風地觀（乾5）

卦爻	六親	卦象	飛神	伏神	變卦／後六親
上爻	父	Ⅰ	卯		
五爻	兄	Ⅰ	巳		
		世			
四爻	子	Ⅱ	未	酉財	
三爻	兄	Ⅱ	午	亥官	
二爻	子	O	辰		巳官
				動化	
		應			
初爻	父	Ⅱ	寅		

「巳」不是「寅、午、戌」要動化的地支

因此，用卦有時要懂得變通，不要劃地為牢，上卦爻變要合上卦之爻，下卦爻變要合下卦之爻，這樣，便失去了前人所說「六爻旁通」的準則，亦易於陷入泥沼之中，每踏一步而腳多陷一分而不自知矣！

八．一事多占

　　不少人初初接觸易卦時，總覺無從入手，主要是不了解六爻的運作。據本人的理解，初學者一定要留意以下兩點：第一，開卦時，要集中精神，心無雜念，才可提高易卦的準確度；第二，要熟習排卦，從裝卦中，可領略到卦象之變化。所以，精神散渙時，不宜占卜，因為爻辰容易失位，便失去準繩度；另一方面，算是你卜得一支百分百準確的卦，哪又如何？不懂其靜動變化，最終還是解不開當中卦意。

　　傳統上，有「一事三占」之說法，想深一點，其背後含有「事不過三」的暗示，表示凡事要適可而止，多做無益。不過，很多人用卦，不明白六爻示意，往往在同一課題上，一而再，再而三地占問，希望占得一支自己能解讀的卦象，誰不知，越占卦象越模糊，越卜卦意越離遠，不論占上多少次，結局還是一樣。若果習卦者根基好，卦一出，從六爻的鋪排，已知機關所在，定出對策，又何用再占呢？

增刪卜易之六爻古今分析

前人說，一事可三占，推想其用意，非為懂易卦者而設，而是為初學者而定，有此規則，初學者便有依據，問一事，可反覆占三次，練習多了，不但熟習裝卦程序，而且掌握運用技巧，因此，每上一爻，卦中的輪廓，在腦海中逐漸浮現，當裝卦完成，占問事物，已了然於胸。

翻閱書序之下半部，文中有以下的敘述：

「客曰占有瀆之不敢再三，何敢連占幾日？予曰：因此一語，誤盡卜卦之人，豈不聞三人占，聽二人之言，一事既可三處而占，何妨再瀆？」

野鶴老人獨排眾議，否定再三占問，會褻瀆神靈的說法，並認為此論調，會「誤盡卜卦之人」，既然一事可以三占，又何妨一占再占，直至找到答案為止。本人十分尊重前人對易卦的付出和貢獻，不過，在此觀點上，對他的見解，始終無法認同。懂易卦的朋友都有經驗，第一次占問，卦象最貼題，景象最清晰；

若然再占，卦象便步向混亂，何解？ 當再占之時，占卦者的信心，已開始動搖；占卦者的情緒，也逐漸起伏。他難再集中精神，在虛空的境界中，取得精確的訊息，因而，得出的卦象，總是不清不明，若重覆占問三次或以上，最終，卦象只會落入面目全非的境地，此刻，莫說推斷得失，根本連入手都有困難。這句「誤盡卜卦之人」，不是誤導，又是什麼？

文中又提及：

「如若間有卦之恍惚，次早潔誠再卜，再遇恍惚，還可之卜，自然響應……」

從此句，便找到了野鶴老人再占的原因，因為「卦之恍惚」，若是卦象模糊不清，難作推斷，便可翌日再占，假若「再遇恍惚」，還可以一占再占，卦便會「自然響應」地給你想要的答案，若真的如此，易卦已失去原有的預測功能，變成附和問事人心意的工具，這種「輸打贏要」的占問，爻辰必然錯位，拿來推斷得失，

根本已沒有意義了。

野鶴老人又進一步，以自己的經驗來印證一事多占，大家可參考以下一段：

「然予亦有見其再三瀆者，未見神之不應也，予因少年辨復功名佔過七次，竟有六次而得子孫持世，此乃神不厭我多問屢問而屢報也。」

少年時代的他，曾占功名七次，有六次是世持子孫爻，由此證明，神靈沒有討厭他，還給他正確的答案，不過，本人認為，有些問題，他並沒有具體交待清楚，怎教人信服呢？

首先，七次占問，子爻是否持同一五行？若然不是，同樣是世持子爻，結局便會完全不同。假使是甲午日占，世持子爻巳火，子爻力量強而有力，子爻剋官爻，占功名，自然受阻；不過，若世持子爻酉金，子爻被日辰午火所破，卦中雖有子爻，實質無子爻可

用，用神官爻不受剋，功名自然在望。讀者稍有易卦基礎，都明白子爻「被助」與「被破」的分別。

例：子爻巳火得日辰之助，強而有力

<pre>
                              甲
                     助   午
  子爻 I 巳 ◄┈┈┈┈┈┈┈┈   日
      世   日
</pre>

例：子爻遭破

<pre>
                              甲
                     破   午
  子爻 I 酉 ◄┈┈┈┈┈┈┈┈   日
      世   日
</pre>

卦例分析

若真的這般巧合，在同一天內，次次占卜，世持子爻，而且五行相同，爻辰又動靜一致，則如原著者所言：「神不厭我多問屢問而屢報」，真的沒話可說！

不過, 本人用卦十多年, 這萬中無一情況, 未曾遇上過, 不知有沒有讀者見識過? 最常見的例子, 世雖持子爻, 每每因日辰轉變, 出現不同的結局。如世持子水子爻, 日辰是「戌」, 子爻受剋, 占功名, 前途不受影響; 若翌日再占, 日辰是「亥」, 拱扶子爻, 發揮剋官力量, 功名路上, 必添障礙!

例: 子爻受剋, 功名不受影響

```
                          戌
子爻  Ⅱ 子 ◄──受剋─────   戌
      世                   日
```

例: 子爻受拱扶, 影響功名

```
                          己
子爻  Ⅰ 子 ◄──拱扶─────   亥
      世                   日
```

再者，用卦之道，不可單取一爻來用，要整體觀察，看其配搭，才可作初步推斷，如有一爻或多爻發動，情況便變得複雜，必需仔細去推敲，若只憑世持子爻便下結論，是不是過於兒戲？大家想想便明白。

　　原著者所謂「神不厭我多問屢問而屢報」，真不明其理據何在？看後，總覺他思維古怪，倘若用卦只重六親而不談五行生剋、不談爻辰發動，拋棄基本的用卦準則，這並非正確的斷卦方法。

　　採用多占之法，除了卦有恍惚外，在〈卷一〉裡，原著者另提到「多占尋用」的秘法，不論是否認同，這部分真有點令人眼界大開！

　　「假令占防災慮患，若得子孫持世，自是無憂，若得官鬼持世，驚恐必見，倘卦中並不現者，何以決之？予曰：一卦不見，再占一卦，再若不見，明日又占，昔人泥其不敢再佔，所以無法。」

增刪卜易之六爻古今分析

158

從以上節錄,可以推斷,原著者所說的「一卦不見」,是指占問事之用神。假若用神不現於飛神, 換句話說,它以伏神存在, 伏在飛神之下, 是為不見。子爻為福德神, 如占防災或憂患, 飛神中見子爻, 是災厄無侵,快樂常在之象。假使子爻潛伏不出,卦內沒子爻可用,驚恐災害湧現, 因此, 原著者要再占,直至占得子爻現於卦上為止。

這種用卦態度, 是否正確, 本人不想多加註腳,但是, 從原則上, 可作一點討論, 正反兩面, 就讓讀者自行判斷好了。

以此例子而言, 六爻得見子爻, 是否萬事亨通無憂呢? 這當然是言之尚早, 不妨考慮下列各種情況:

第一, 子爻是否落在有用的位置, 例如世應、卦身。
第二, 子爻是否受日月剋制或沖破。
第三, 子爻是否落入旬空。
第四, 父爻是否發動, 剋制子爻。

遇上其中一種情況，子爻已受制或變得無力，更甚者，可以完全失去其功能。此刻，子爻雖現於卦中六爻，有與沒有，又有何分別呢？

若子爻是伏神，也未必無用，要看伏神上的飛神，正處於一個怎樣的狀態。

其一，飛神地支，恰與日辰成六沖，如寅申沖，日辰力強，可把飛神沖掉，伏神子爻，便可重見天日，發揮其功能和作用。

其二，飛神地支旬空，伏神與日辰地支相同，伏神子爻便可被日辰引拔而出，剋制肆虐的官爻。

若弄清飛神和伏神的情況，一占既可，何用一占再占，去尋求心中的爻辰呢？

最後，野鶴老人更一錘定音，似是留給後人的秘法，看看以下一段，便知其用心良苦：

「予著此書傳後賢之秘法者，無他法也，教淺學者，凡遇卦之恍惚，心若未明，多占無礙，倘卦中已明現矣，不可再瀆。」

不論是「一事多占」還是「多占尋用」，是傳給後學的秘法，若不明卦意，多占無礙。本人天生愚鈍，多翻思前想後，抓破頭皮，都找不到其法「秘」在何處？卜卦講求專注，若精神欠佳，魂遊太虛，出卦焉能到位，卦象哪會鮮明？假使占者不在狀態，是否先休息一會，待精神回復，才作占問，這是用卦者的基本守則。可知一卦誤判，可令當事人陷入萬劫不復的境地！

事實上，占卦是信息接收與反射，正常來說，第一次占問，接收的信息是最強烈，卦象亦是最鮮明，所以占者最易解讀卦象原意，斷其得失休咎。若占者基礎不好，許多時候，根本看不明卦象，假使又有爻辰發動，千絲萬縷，真不知從何說起？再占又如何，得出的卦象，同樣不著邊際，問題在占者自己而非卦象本身，這是本人多年來用卦的體會。

本人記憶中，當年學卦，是有「問不過三」的說法，不過，本人總覺得，熟習六爻運作後，一切已在掌握之中，一占已中，何用再占。君何嘗見到易林高手，有一占再占的情況？所謂「卦出有情卦象清，吉凶立斷不留情」，他們了解卦象，一切成竹在胸。

　　多占之法，不宜推廣，因為容易給不學無術之輩濫用，作為遮醜的下台階！

九 . 代占問題

在《增刪卜易》一書之序裡，野鶴老人提到「自占」與「代占」兩種占問方法。「自占」方法簡單，問事人以第一身來占問，當然不會產生任何問題，若以「代占」來問事，問題便立即來了。

序中提到「代占」，是以被代占者之爻為用神，即「占父母病以父母爻為用神」、「占兄弟病以兄弟爻為用神」、「占子孫病以子孫爻為用神」、「占妻妾病以妻財爻為用神」，若用神得生旺，萬事吉利，百病難侵。看上去，這種推斷原則，好像有點道理，用神得力，占病，當然可藥到病除，不過，回心一想，好像不太合情理，問病應以「官鬼爻」為用神，何以代占之時，卻取「被代占者爻」為用神？兩者在取用神方面，南轅北轍，扯不上任何直接關係。在這種情況下，應該怎樣作出判斷，才算合理，這是我們要探討的方向。

「代占」之法，焦點模糊不清，當中的灰色地帶，容易令人迷失於六爻之中，取「被代占者爻」為用神，

推斷時往往產生矛盾。舉例而言，為母親占病，以父母爻為用神，書中強調，父母爻旺，無不吉利，不過，從用卦的基礎上，知道父母爻強旺，便會剋制子孫爻辰，占病，子孫爻是藥，「藥」受剋就會失效，怎能治好疾病呢？想深一層，大家便會清楚問題根源。

細心研究後，本人發現「代占」之法，至少存在下列三個問題：

1. 如何定世、應

「代占」之法，最大的問題，是如何設定世、應兩位。「代占」情況跟自占並不一樣，以子占父病為例，「世」代表兒子還是父親？「應」代表父親還是代表疾病？這條界線，十分模糊，沒法定清。假使「世」是兒子，「應」便是父親，父親在卦內，本是主角，卻跌入被動位置，淪為配角，這情況下，不論父母爻是旺還是弱，根本沒法把病情顯示出來，因此，整支卦便失去了主導性及完整性，又怎能作出有合理的推斷！

例：代占，以被占者爻作「用神」

占問：子占父病

得卦：雷風恆 （震4）

卦爻　六親　卦象　飛神　伏神　變卦／後六親
_____

上爻　　財　　Ⅱ　　戌　⟵　 應是代表父親還是疾病？
　　　　　　　應

五爻　　官　　Ⅱ　　申

四爻　　子　　Ⅰ　　午

三爻　　官　　Ⅰ　　酉　⟵　 世是代表兒子還是父親？
　　　　　　　　　　　　　 取代占者的身分作為用神
　　　　　　　世

二爻　　父　　Ⅰ　　亥　　寅兄身

初爻　　財　　Ⅱ　　丑
_____

卦例分析

　　此卦例以父母爻為用神，由於它不在世應位置，

故此已經失了主導能力，而且父爻值靜，也不能產生作用。倘若父爻當旺，按原著者的判卦原則，其人必藥到病除。如是者，六爻斷事，便給人一種過於簡單，且帶點兒戲的感覺吧！

此外，世、應及卦身在卦中的功用，竟完全被抹殺，用卦若是如此，前人定立世應與卦身，是不是多餘？是不是擾人視線？原來最關鍵的，是一爻定吉凶，諸位讀者，你們認為原著者的見解，能說得通嗎？

倘若改用第一身來占算，世應的位置，便會十分清楚。「世」是當事人，「應」是病情，世應位置相對，當事人的角色，永久站在主動位置，而且兩位爻辰，直接受它爻或日月之生剋，繼而參考用神官爻之得失，便可粗略地判斷其人的疾病傾向及病情輕重，由此推之，自占之法，世應所表達訊息，是最簡單、最直接、最易明、最有效的。

世應兩位，是斷卦的骨幹，以第一身占問，最為

妥貼，斷卦由此兩位作起點，再作延伸，一切自會清楚明白。真不明白，為何要採「代占」之法，將問題複雜化？

2.定用神

每個題目，都有自己的用神。例如，占事業，以官爻為用神；占財運，以財爻為用神；女占姻緣，以官爻為用神等等。若採用「代占」方法，以被占者的爻辰取代，如占子財，以子爻為用神；占父財，以父爻為用神；占妻病，以財爻為用神；占兄官非，以兄爻為用神等。這看似有理，在運用時，便會發現，不過是鬧劇一場，對實際推斷毫無幫助，未能對症下藥。

舉例而言，占疾病，應以「官爻」為用神，原著者取當事人的爻作用神，而忽略了「官爻」在問病時的位置及其作用，這樣，是不是本末倒置呢？

請看看以下的卦例：

例：占幼女病，以子爻為用神

占問：父占子病

得卦：風水渙 （離6）

卦爻	六親	卦象	飛神	伏神	變卦／後六親
上爻	父	I	卯		
五爻	兄	I	巳		
		世			
四爻	子	II	未	酉財	
三爻	兄	II	午	亥官	
二爻	子	I	辰身 ⟵		取被占者的身份作用神
		應			
初爻	父	II	寅		

以這支卦為例，占幼女病，原著者以子爻為用神，若子爻受剋受制，便無法康復，若子爻得生旺，康復可期。以其論調，官爻或其它爻辰存在與否，已不重要，用卦如此，真的無話可說！

3.吉凶斷法

代占之法,取被占者之爻為「用神」,是否過於簡單,或者過於武斷?本人留待各讀者去自行判斷。這種方法,推斷時,確實存在盲點,舉例來說,若占父病,因父爻旺相而斷其不日而癒;占弟病,兄爻受制受剋,斷其回天乏術,斷卦如此,非合常理。依一爻之旺衰來斷吉凶,是不是將易卦反射的訊息看得太狹窄呢?

本人認為,任何代占,無論是「占兄弟事業」、「占父母財運」、「占妻子健康」或「占子女學業」等等,在推斷上,都存在或多或少的問題。可惜的是,為何還有這麼多人,要堅持用此種方法斷卦?內裡是否另有一套法則,來輔助應用,就不得而知了。

所有易卜,都應該以「第一身」來占問,這樣,世應、用神、卦身三者都能各守本位。世應是當事人與所問之事的狀態;用神是事情的得失;卦身是當事人的取向。三者結合,才可斷事精微。

心一堂當代術數文庫 · 占筮類

以「父占子病」為例，將題目改為「某先生占病」，同是一支卦，用神不同，分析和推斷方向便亦不同。本人取一實例，略作解釋，讀者便會明白。

占問：陳先生占病

得卦：雷風恆 （震4）

卦爻	六親	卦象	飛神	伏神	變卦／後六親
上爻	財	‖	戌		
		應			
五爻	官	‖	申 ◄		
四爻	子	‖	午		用
三爻	官	‖	酉 ◄		神
		世			
二爻	父	‖	亥	寅兄身	
初爻	財	‖	丑		

卦例分析

★世是陳先生，持官，代表患病。

★應是疾病，應生世，官爻被應財爻（病因）生旺，病情日益嚴重。

★用神是官爻，為『申金』、『酉金』，是氣管、呼吸、大腸等疾病。

★卦身伏在化長生的兄爻上，陳先生所憂慮的，是疾病帶來額外的醫療開支。

讀者可嘗試把「自占」和「代占」作一比較，便知哪一種方法可取？只要是正法正見，必會經得起時間考驗及多方面印證。

十．生旺墓絕

「生旺墓絕」取自長生十二神，即長生、帝旺、墓和絕。大家可參看長生十二神的排列圖，便知「生旺墓絕」所落的位置。

長生十二神排列圖

長生	沐浴	冠帶	臨官	帝旺	衰	病	死	墓	絕	胎	養

要理解「生旺墓」並不困難，它們是組成不同五行合局的三個地支而已。

三合局	長生	帝旺	墓
木局：	亥	卯	未
火局：	寅	午	戌
金局：	巳	酉	丑
水局：	申	子	辰

用卦為什麼那樣著重「生旺墓」，其一原因，就是它們跟三合局扯上關係。爻辰得「生」，力量便生；爻辰乘「旺」，敵之無傷；爻辰入「墓」，韜光養晦。這是用卦的基本概念，只要用得多、用得熟，自然運用自如。

〔長生〕

長生者，暗示爻辰力量逐漸提升。用事爻地支，被生旺而逐步向上，尤如幼苗得雨露滋潤，慢慢健康成長。若據五行旺弱情況分析，這爻辰得生助而有力量。要弄清爻辰關係，大家不妨參看下面的解說：

爻辰是「子」水，得申金來生，「申」是子的長生，令子水延綿不斷；

爻辰是「卯」木，得亥水來生，「亥」是卯的長生，令卯木向上延展；

爻辰是「午」火，得寅木來生，「寅」是午的長生，令午火吐焰燃燒；

爻辰是「酉」金，「巳」是酉的長生，唯獨此配搭，沒有直接生旺。

〔帝旺〕

帝旺者，爻辰掌權也。爻辰值月或值日，一切如日中天，氣勢不凡，無人能及。按五行論之，大約如下。

爻辰是「酉」金，值月或值日，實權在手，做事大刀闊斧；

爻辰是「子」水，值月或值日，手握實權，做事進取；

爻辰是「卯」木，值月或值日，掌控一切，積極發展；

爻辰是「午」火，值月或值日，手掌權力，推動研發。

〔墓〕

墓者，四墓庫也，即辰戌丑未。不要望文生義，以「死」一義來解釋墓庫。「墓」所涵蓋的意義很廣，有退隱、退下、積聚、穩固、伺機、等候之意。因此，

見墓庫不一定差，如占財運，墓庫加臨，便有機會碰上發財的運勢。用卦不可執偏，否則容易出錯。

〔絕〕

絕者，受剋制也。是指爻辰的五行，受剋受制，等同失令，事情陷入困境，在這種情況下，對占問之事，可來一句總結，就是問事難成！

不過，在運用「生旺墓絕」時，占者亦要考慮它們的旺弱問題，不然在推斷時，往往走歪了路。

引用原文：

『長生、沐浴、冠帶、臨官、帝旺、衰、病、死、墓、絕、胎、養，餘得驗者，只驗生旺墓絕，其餘不驗，不必用之。』

從上文便可以知道，前輩是有心人，在這方面曾

下過不少考證工夫，所以，他能肯定地指出，在易卦的推斷層面上，沒必要全用上十二神，只用上「生旺墓絕」四個便足夠了，其餘八神，根本無用理會。

在這觀點上，我絕對同意前輩的見解。其它術數，也有引用長生十二神，不過，它們生起的力量，並不明顯，而在卜卦方面，著重「生、旺、墓、絕」的運用和克應，這倒是事實，也是斷卦其中一個重點。

原著者提到，「長生」依五行定位。金長生在巳；木長生在亥；土水長生在申，當中有金，有木，有水，有土，獨欠五行中的「火」，看來是他漏寫了，我將之補上，讓讀者看得更清楚。

金長生在巳，旺在酉，墓在丑，絕在寅；
木長生在亥，旺在卯，墓在未，絕在申；
火長生在寅，旺在午，墓在戌，絕在亥；
土水長生在申，旺在子，墓在辰，絕在巳。

下面是原著者對「生、旺、墓、絕」的舉例：

「且如主事爻屬木，若在亥日占卦，即主事爻長
生於亥日。若在卯日占卦，木旺於卯。若在未日占卦，
木墓於未。若在申日占卦，木絕於申，其餘仿此。」

原著者以主事爻「木」，遇上不同的日辰，會有
下列不同的情況。

亥日：水能生木，所以木能「長生」於亥日。
卯日：木與日辰同氣，主事爻便當「旺」。
未日：未土是木的墓庫，木便入「墓」。
申日：申金剋木，主事爻便受制受剋，稱為「絕」。

有關入墓的用法，眾說紛紜，各有各的觀點，既
有入日墓，入月墓，動墓，也有爻動化入墓，見解多多，
錯對難分，有待引證。本人認為，動化入墓的用法，
最為合理，有關此點解釋，大家可參考〈隨鬼入墓〉
那一章節。

原著者除了以日辰與主事爻作說明外，亦以動爻來作解釋。

「又如主事爻屬木，動而變出亥水者，謂之化長生，動而變出卯木者謂之化旺，動而變出未土者謂之化墓，動而變出申金者謂之化絕，餘仿此。」

原著者仍以「木」為主事爻，動化之後，化出的五行，又會與主事爻產生不同的效應。此部分解釋，並不正確，與基本的判卦原則，產生衝突。

現將各點逐一分析：

1]「又如主事爻屬木，動而變出亥水者，謂之化長生」
原著者解釋：卯木，寅木化亥水，是化長生。

卯 ——^{化長生}——▶ 亥

亥水生木，原著者定之為化長生。

本人補充：『化長生』本身有源源不絕的意味，同時也帶有緩慢的信息。

易卦原則：卯木，寅木化亥水，是回頭生。

本人補充：「回頭生」具有很強的支持力量。

分析

★木化亥水，若是化長生，便跟「進退神」的原則相違，因為卯化亥，是化退，跟長生向前的意象，完全是兩回事。所以，我不認同化長生的說法。

★本人的立場，對「易卦原則」的本義及用法，十分認同，父辰回頭生，便增強本爻的力量，本爻對整支卦象，產生較大的影響力。

★再深入推敲，便可將父辰發動，推向更深的層次。試想想，寅和卯都屬木，表面上，大家都是回頭生，其實，它們再衍生出兩種情況。

心一堂當代術數文庫・占筮類

其一，是卯化亥，亥水回頭生卯木，即「回頭生」。

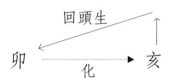

其二，是寅化亥，亥水回頭生且合寅木，簡稱「回頭合」。

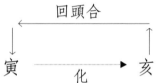

究竟「回頭生」好還是「回頭合」好，要看整支卦的結構，才可下定論。

2〕「動而變出卯木者，謂之化旺」

原著者解釋：卯木化卯木，是化旺。

卯 ——化旺—— ▶ 卯

本人補充：化旺，有鞏固或增強的意象。

易卦原則：卯木化卯木，是化伏吟。

卯 ———化伏吟———▶ 卯

本人補充：伏吟的意象，進不是，退也不是，處於徘徊狀態。

在易卦原則上，木化木的演變，可簡略地將它寫出來，免得讀者混淆。

第一,地支可能是寅化卯,是為化進,主進步、加深。

第二,地支可能是卯化寅,是為化退,主倒退、減弱。

第三，地支可能是卯化卯，寅化寅，是化伏吟，主停滯不前，或難作決定。

分析

★卯木化出卯木，不生不剋本爻，只是同氣，大家在同一種狀態中。

★不同日辰和月建，可推動、增強或減弱本爻的力量。

★卯化卯，是化出相同的爻辰，從意象上，便有原地踏步的意思。因此，野鶴老人的解釋，便不著邊際了。

★本人也留意同氣爻辰相化，如寅化寅，戌化戌，酉化酉，巳化巳等。這種徘徊狀態，在不同位置，都有不同意思：

世爻化伏吟，表示當事人正不知進退。

應爻化伏吟，占問的事情，未知去向。

卦身化伏吟，當事人思前想後，猶疑不決。

所以，化同氣的爻辰，不是旺，是伏吟，野鶴老人所述的，只可作參考。

3〕『動而變出未土者謂之化墓』

原著者解釋：卯木化出未土，是化入墓。

卯 ——化墓——▶ 未

易卦原則：飛神地支化四庫為入墓。

卦例分析

★野鶴前輩取「亥、卯、未」三地支的動化為例。卯化未是化入墓，是對的，因為它們是組成「亥卯未」三合木局的基本原素。

★未土是木的墓庫，木便入墓。木化未，是動化入墓，主退下、收藏、潛伏等意思。占事業、財運等，見化入墓，不宜作大規模的變動或投資，要以逸待勞。

★若是化辰、化戌、化丑，前輩未提及其動化後的情況，其實，它們不是化入墓，而是化進或化退。

為了讓讀者更清楚，重新將各種情況列出。

木化木墓，是真正的入墓：

卯 ——化墓——➤ 未

化金墓，不是入墓，是化退：

卯 ······化退······➤ 丑

木化水墓或火墓，不是入墓，是化進：

卯 ———化進———▶ 辰 （或戌）

化入墓與化進或化退所釋放出來的訊息，完全不一樣，所以結局不同，大家要留意。

4〕 『動而變出申金者謂之化絕』

卯 ◀———回頭剋——— 申

分析
★卯木動化申金，申金剋木，所以前輩稱之為化絕，俗稱「回頭剋」。
★主事爻被化出的爻辰所剋制，有諸事難成的意象。
★占姻緣，用神被回頭剋，尤其是四桃花，較難遇上異性的機會。

從上述的分析，可知前人的著作，內容存在很多漏洞，虛實難明，所以，我們要仔細鑽研、摸索及印證，才可了解當中的真偽。

十一．用神兩現

野鶴老人先點出古法怎樣處理用神兩現，繼而提出自己的驗證，這是對待學問的正確態度，不過，其驗證中的說法是否正確，稍後會逐一探討。

「用神兩現，如占父母，卦中兩爻父母者是也。舍其休囚而用旺相，舍其靜爻而用動爻，舍其月破而用不破，舍其旬空而用不空，舍其被傷而用不傷，此古法也。」

當用神兩現，古法取哪個爻來做用神，自有準則。先理解古法，後討論野鶴老人的用法，讀者可明白各人用卦的準則。

古法選用神的方法，共分五種：

1.「舍其休囚而用旺相」

　　讀者要留意，這個說法相當古怪，兩個用神，五行相同，如寅卯、巳午、申酉、亥子，同時受日辰月建影響，兩爻必然同旺或同囚，何來用神出現一旺一衰的情況呢？

　　舉例來說，用神父爻，一持巳火，一持午火，在秋季同時入囚；若在夏季，兩者俱旺，可以肯定，古法此點，絕不合理，基本上沒可能在卦中出現，真的不提也罷！

2. 「舍其靜爻而用動爻」

若用神兩現，古法取卦中發動的為用神，在原則上，亦算合理。

占問：黃姑娘 占 事業

得卦：水火既濟（坎4）化 水天需（坤7）

卦爻	六親	卦象	飛神	伏神	變卦／後六親
上爻	兄	‖	子		
		應			
五爻	官	Ⅰ	戌		
四爻	父	‖	申		
三爻	兄	Ⅰ	亥	午財	
		世			
二爻	官	X	丑		寅子身
初爻	子	Ⅰ	卯		

用神（指向上爻應）
用神（指向三爻世）

註：舉例沿用本卦卦氣排後六親

187

卦例分析

★所謂「靜而不動，力量不生；動而力起，卦象變更」。

★請看上圖，二爻和五爻都是用神「官爻」，所以，以發動用神為真用神，確實可行，因為，官爻發動，一定牽動著整支卦象的變化和吉凶。

★此例取二爻丑土官爻為用神。

3. 「舍其月破而用不破」

若「黃姑娘占事業」沒有爻辰動變，這支就是靜卦。兩官爻皆在靜態，不可能知道取那一個為用神。在這情況下，古法取不被沖破的爻辰為用神。

占問：黃姑娘 占 事業
得卦：水火既濟 (坎4)

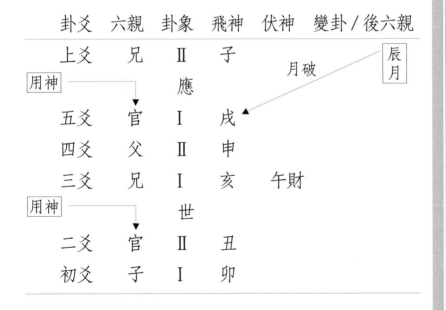

卦爻	六親	卦象	飛神	伏神	變卦／後六親
上爻	兄	II	子		
【用神】			應	月破	辰月
五爻	官	I	戌		
四爻	父	II	申		
三爻	兄	I	亥	午財	
【用神】			世		
二爻	官	II	丑		
初爻	子	I	卯		

卦例分析

★五爻月破，所以，此卦取二爻「丑」官爻為用神。

189

4.「舍其旬空而用不空」

若是丁巳日，丑土官爻旬空，古法原則，是捨旬空不用。

占問：黃姑娘 占 事業
得卦：水火既濟（坎 4）

卦爻	六親	卦象	飛神	伏神	變卦／後六親
上爻	兄	II	子空		
用神 →		應			丁巳日
五爻	官	I	戌		
四爻	父	II	申		
三爻	兄	I	亥	午財	
用神 →		世			旬空
二爻	官	II	丑空 ◄		
初爻	子	I	卯		

卦例分析

★二爻官爻旬空，不可取用，所以要取戌土官爻為用神。

5.「舍其被傷而用不傷」

古法這個標準，在思維上，有點像「舍其休囚而用旺相」觀點。前已指出，兩個用神面對日辰月建的影響，不是旺相，便是休囚，因此，同一支卦內，不會出現一個用神「被傷」和一個用神「不傷」的情況。

如果再仔細推論下去，兩用神可以有分別，不過不應用「被傷」和「不傷」來形容，而應該用「受傷」和「嚴重受傷」代替。

占問：正文占工作

得卦：雷風恆 （震4）

卦爻	六親	卦象	飛神	伏神	變卦／後六親
上爻	財	⚋	戌		
用神			應		
五爻	官	⚋	申 ▼	剋	寅月
四爻	子	⚊	午		
三爻	官	⚊	酉 ◄	破	午日
用神			世		
二爻	父	⚊	亥	寅兄身	
初爻	財	⚋	丑		

卦例分析

★用神官爻，一是申，一是酉，日辰是「午」。日辰「午」火對「申」官為剋；日辰「午」火對「酉」官為破。若論受傷程度，當然受破的官爻嚴重得多。

★按古法，應取申金為用神。

解釋了古法原則，下一步便推斷野鶴老人的驗證。

「余得驗者，多有應乎旬空月破，舍其不空而用旬空，舍其不破而用月破。」

原著者的驗證有二：

「有應乎旬空，舍其不空而用旬空」

若卦內遇上兩個用神，一空一實，經原著者驗證，應取「旬空」爻辰來用，恰與古法相反，是對是錯，且看本人分析。

★首先，要看這支卦是「靜卦」還是「動卦」，一般而言，靜卦以「旬空」的爻辰，較為吃緊。

★時空是另一問題，臨月建，空也屬假空，這刻，要審視日辰的去向，才可有最終的判決。

★爻辰的發動，化出的地支，亦可跟用神產生「生扶拱合」或「刑沖剋害」，旬空的克應，也相對地減弱。

★若卦身落在不空的用神上，重點鮮明，這時，哪個落入旬空的用神，其實已不再重要了。

★如果不能全盤觀察，只憑旬空之用神作結論，會過於武斷，不合卦象原意。

　　取原著者書中卦例來驗證，或許更有趣味。

〔書例〕

占問：求財

得卦：風天小畜（巽2）

卦爻	六親	卦象	飛神	伏神	變卦 / 後六親
上爻	兄	I	卯		
五爻	子	I	巳空	臨月建	
四爻	財	II 應	未		
三爻	財	I	辰空	酉官	
二爻	兄	I	寅		
初爻	父	I 世	子		

未月　庚子日

出空　　至辰日

原著者見解：

★「應臨月建之財以剋世，許之必得」

★「彼問何日到手，予以次日，辛丑沖動未財必得」

★「卻得於辰土出空之日，此乃舍其不空而用旬空。」

以下是本人的見解：

占問：求財

得卦：風天小畜 （巽2）

卦爻	六親	卦象	飛神	伏神	變卦/後六親	
上爻	兄	I	卯			
五爻	子	I	巳空			未
四爻	財	II	未			月
		應				庚
三爻	財	I	辰空	酉官		子
二爻	兄	I	寅			日
初爻	父	I	子		填實	
		世				

至辰日

卦例分析

★野鶴老人說財來剋世，許之得財，表面上是成立的，不過，世應卻成「子未相害」，進財時或進財後所帶來的問題或困擾，他卻隻字不提。

★原本，他斷「辛丑日」為應期，卻失準，而應於辰

土出空之日，因而印證到「舍其不空而用旬空」之說法。這支是靜卦，在開始時，本人已說明了「一般而言，靜卦以『旬空』的爻辰，較為吃緊。」因此，旬空作為克應之關鍵，是合情理的。

★若是動爻，推斷的關鍵，可能完全不同，大家必須留意。

★再者，原著者沒有提到卦身，也沒有用上六獸，我將它們排上，看看整體卦象，出現怎樣的變化。

占問：求財

得卦：風天小畜 （巽2）

卦爻	六獸	六親	卦象	飛神	伏神	變卦 / 後六親
上爻	蛇	兄	I	卯		
五爻	勾	子	I	巳空		
四爻	朱	財	II	未		
				應		
三爻	龍	財	I	辰空	酉官	
二爻	玄	兄	I	寅		
初爻	虎	父	I	子身		
				世		

未月　庚子日

填實

至辰日

卦例分析

★排上六獸後，世持白虎父父，又見卦身，占求財，又成「子未害」，可推斷為誘人陷阱。

★至丑日,財未到,因為是「貪合忘沖」的原故,日辰「丑」合世「子」,並沒有沖應的意欲。

★至辰日，填實青龍財爻辰土，與伏神成「辰酉合」，青龍為喜慶，故是日得財。

★占卦者，要有操守，要信因果，非只顧為客人推斷眼前的點滴利益，並要為他們考慮結局的吉凶，若明知卦象是貪粒糖而輸間廠，便要告誡當事人，勿貪少平宜，避免招至嚴重損失。

「有應乎月破，舍其不破而用月破」

前輩論卦，總喜取一點或一爻為斷卦依據，卻不從卦象的整體結構來分析，可以說，這是用卦的大忌。可知六爻蹤影，隨世應而定位，跟爻動而移動，加上日月生剋，可謂變化萬端，若只憑月破斷其剋應，用卦者的見識，只不過局限於一管之內，那能突破六爻範疇！

無可否認，月破可以是剋應，不過，不是所有月破，都是卦中重點。為甚麼我這樣說？一支卦，有生有剋、有扶有害、有沖有合，六爻變化，亦基於此。書中也有提及『貪合忘沖』之法，卦內有用事爻跟月建成合，這時，沖不成沖，何來月破？

如果出現「貪合忘沖」的情況，前輩卻以月破之法斷事，豈不是自打嘴巴？

再者，用神值日，月建來沖，究竟是沖破還是沖起？各位不妨思考一下。

占問: 母占子何時脫厄

得卦: 雷地豫 (震2) 化 雷澤歸妹 (兌8)

卦爻	六獸	六親	卦象	飛神	伏神	變卦 / 後六親
上爻	龍	財	II	戌		
五爻	玄	官	II	申		
四爻	白	子	I	午身 應		
三爻	蛇	兄	II	卯空		
二爻	勾	子	X	巳		卯兄空
初爻	朱	財	X	未 世	子父	巳子

子爻

亥月　丙午日

註: 書例沿用本卦卦氣排後六親

原著者見解:

★余見卦中三現子孫, 俱生世爻, 午逢日建而靜, 兩爻巳火逢月破, 許巳年脫厄, 乃實破之年也, 果脫厄

於巳年。此乃卦中用神三現，而用逢破之爻也。

★余竟以月破而斷年者，非只此一卦也。因此位老夫人之長公攜卻棄封疆而歸，本人自身占過，申金子孫發動，動而逢合，乃應巳年；弟又占兄，申金兄動亦應巳年。

★此卦巳火子孫回頭生世，雖逢月破，合前二卦，故敢許以巳年。

卦例分析

★原著者以原局震卦氣裝後六親，子爻屬火，卦中有兩「巳」一「午」，合共三火，因而有三現子孫的說法。子孫爻，簡稱「子爻」，是福德之神，能制官爻之凶。

★他認為兩「巳」火子爻，遭月建「亥」沖破，所以「巳」年便脫厄。此斷卦之法，存有疑問，古代社會，遺命抗旨，攜眷拒封，皆屬死罪，若真的子爻遭破，其禍立至，怎可等至巳年來克應？

★我認為判卦，以「世、應、日辰」的配合為先，此卦應午火值日，合世未土，午未合化火，火乃子爻，因為合中有刑，是凶處藏吉的徵兆。問題是，世位成

子未害，有一步一驚心的危機。

★卦有兩爻交動，發展下去，世化巳火，月建沖動，加強回頭生的力量，未土財爻因成子未害，是金錢損失的訊號，清代貪污嚴重，犯了法，想逃避罪責，不免要疏通疏通，若如原著者所言是沖破，就解釋不到為何世位伏著個「子未害」的組合。至於巳火發動，怎能將它沖破？若能沖破，又怎可化出個卯木兄爻來？大家想想便明白。內文沒提及起卦之年，若是巳年起卦，有爻辰發動，可於年內克應，卯木旬空，兄爻劫財，多應於是年酉月，埋單計數，收錢放人。

　　讀者有空不妨拿書中卦例，按本人訂立的「五大綱領」，重新排出，再推敲一次，便可比較原著者與你判的斷，誰較精確，誰較合理，大家心裡，自有一番新的體會！

十二.旬空概念

　　野鶴老人在運用「旬空」的層面上，概念不十分清楚，因此，他判卦時，往往對焦不準，捉不到卦中原意，定不出吉凶利害，既然一切都拿得不實，他便提出新的見解，即『凡遇旬空，命之再占』的說法。說老實話，卦遇旬空，占者不能斷其吉凶，已是一大問題，倘若再占又遇旬空，哪又應該怎樣辦呢？他的見解，總給人一種荒謬怪誕的感覺，若後學不察，跌進其中，往後的易卦路途，可能也變得光怪陸離！

　　怎樣劃分「空」與「不空」，在書中章節，亦有提及，現按其內容，逐步分析：

〔不空定義〕

　　野鶴老人的「不空」定義，在書中，有以下的敘述。

　　「旺不為空，動不為空，有日建、動爻生扶者亦不為空，動而化空，伏而旺相，皆不為空。」

從以上節錄中，知道一些跌入旬空的爻辰，在某些特定條件下，其實是「不空」的，當中原由，古人沒有說出，可能他們認為，天機不可洩，否則，必遭天譴。話要說回來，若不將原理說清，後學只會胡亂猜度，錯斷其意，替人占算，容易吉凶倒轉，誤人一事事小，誤人一生事大，以佛家角度來看，豈不是作孽？

本人沒有天賦的才華，除了熟習基礎外，只憑個人的實戰經驗，去理解易卦卦象，現將所得，用來修正古書中的盲點，或揭露古代不傳秘訣，或許有助推動易卦的發展。

本人嘗試將節錄原文，逐點解釋。

「旺不為空」

何為之旺？旺即強，能令爻辰強旺，必需借助日月之力，所以，凡值月、值日，皆視之為旺。爻辰乘旺，遇上旬空，亦不作空論。

爻辰旺相而旬空，又落入世應等用事位置，它的「空」，便別具意義。《黃金策千金賦直解》中，有一句「無故勿空」，已道出原意，後人不察而已。此刻的「空」，當然是假空，它的存在，便帶有等待的意思，待時日一到，沖空填實之時，占問之事，便有結論。

【舉例】

得卦：天火同人（離8）

子	I	戌
	應	
財	I	申
兄	I I	午
官	I	亥空
	世	
子	II	丑
父	I	卯

日辰來生 ← 壬申日

增刪卜易之六爻古今分析

★亥水旬空，日辰生旺是假空。

★待「巳」日，沖實亥水，一切便會由虛變實。

★這是一般人所說的「應期」。

「動不為空」

為甚麼動會不空？很多人不明其意。下面卦例，正好說明一切。

看到世爻亥水，既受制於月令，也被反剋於日辰，可以說是內外交迫，渾身乏力，若按常理，官爻沒法動彈。事實上，用卦原則，有「動不為空」一訣，大家可能覺得古怪，若明其理，便不會大驚小怪了。

讀者們不妨想闊一點，爻辰發動前，先結聚能量，蓄勢待發，後力聚一點，動力生起，爻辰便如箭射出，能量延續，爻辰雖空，實質為「假空」，因此，才有『動不為空』的說法。

【舉例】

得卦：天火同人（離8）化天雷无妄（巽5）

```
子    I     戌
      應                              丑
財    I     申                        月
兄    I I   午                        庚
官    O     亥空 ―――――→ 辰子        午
      世                              日
子    II    丑
父    I     卯
```

註：卦例沿用本卦卦氣排後六親

卦例分析

★亥水發動，力量聚集，亥水由旬空變為不空。

「有日建、動爻生扶者亦不為空」

這句話是包含兩種情況：

第一，得日辰生扶的旬空爻辰，力量存在，不過其力量稍次於不空之時，仍然不容忽視，所以，爻辰值空也不為空。

【舉例】

得卦：天火同人（離8）

```
子    I     戌空
      應
財    I     申
兄    I     午          扶          子
                                    月
官    I     亥空  ◀
      世                生          壬
                                    申
子    II    丑                      日
父    I     卯
```

卦例分析

★亥水旬空，得日月生扶是假空。

★情況如當旺的爻辰，待沖空填實。

第二，得動爻生扶的旬空爻辰，也不算空。

學卦者應要有一個基本概念，就是爻辰發動，不但啟動自身的力量，也同時可生旺其它爻辰，令其不空不弱。例如官爻落空，恰巧遇上發動的財爻，因為財生旺官的原故，此刻的官爻，亦不算是落入空亡之地。

【舉例】

得卦：天火同人（離8）化 離為火（離1）

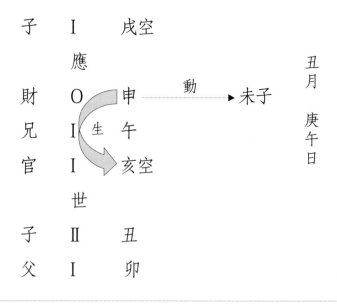

註：舉例沿用本卦卦氣排後六親

★財爻動來生官，令亥水得助，不算真空。

★亥水假空，算是被日辰來沖，也不易被沖破。

★至亥日，填實亥水，可能是應期。

「動而化空、伏而旺相皆不為空」

所謂「動而化空」，即化出的爻辰，落入旬空，野鶴前輩沒有解釋為何不空，這是千古謎團，很多習易卦的人，一直不明所以。

簡單來說，化出的爻辰，已跳出原局的框框，既然「動不為空」，化出的爻辰，按理亦帶有動爻之氣，因此，不可作為「空」論。

心一堂當代術數文庫・占筮類

得卦：火地晉（乾7）化艮為山（艮1）

官	I	巳			
父	II	未			寅
兄	O	酉 ——化空——▶ 戌空父			月
	世				己
財	X	卯		申兄	巳
官	II	巳			日
父	II	未	子子		
	應				

註：舉例沿用本卦卦氣排後六親

卦例分析

★戌土承接酉金發動之氣，雖動化而落旬空，戌土本身亦有氣。

★有氣便不是空，因而有『動而化空，皆不為空』之說法。

「伏」即伏神，伏神旬空，只要得令，便是假空。這個說法，並不正確，因為伏神在飛神的庇蔭下，不但替它擋風遮雨，也會替它承受日、月、動爻的生剋，算是值月、值日又如何？它能不能得到生旺，永遠是一個未知之數！

本人認為，伏神不可能被直接生旺，除非得飛神作橋樑，才可得用。例如伏神是水，日辰是金，金能生水，本是理想的配搭，不過，大家有沒有想過，若飛神是「土」，像隔著一道牆，將金水分隔，互不相生。

〈飛神作城牆〉—金受土所擋，日辰不能生旺伏神，如下圖：

〈飛神作橋樑〉—土得飛神作橋樑，先生飛神金，後生伏神水，這刻伏神可得用，如下圖：

相通橋樑

例子分析：

【舉例】

得卦：風水渙（離6）

父　Ｉ　　卯

兄　Ｉ　　巳

　　世

子　ＩＩ　未　　酉財

兄　ＩＩ　午　　亥官空

子　Ｉ　　辰

　　應

父　ＩＩ　寅

得令

卦例分析

★伏神得令，不入旬空，這個說法，並不正確。

★伏神空不空，要看飛神的角色，是生伏神，還是剋伏神，才可決定。

★飛神是橋樑，伏神是旺，不作空論，或許可用。

★飛神是城牆，伏神是弱，它是真空，絕對不能用。

不論是「動而化空」還是「伏而旺相不空」，當中定有玄機，爻辰不會『無故勿空』，很多時候，此爻旬空，定有功用，或許是應期，或許是反敗為勝的伏線。

〔真空定義〕

書中節錄：

「月破為空，有氣不動亦為空，伏而被剋亦為空，真空為空。真空者，春土夏金秋是木，三冬逢火是真空。」

同樣，我們可逐點分析，釐清概念。

215

「月破為空」

爻辰本身旬空，又逢月破，原著者定之為「真空」，這只是說了一半，也可以說是對了一半。

【舉例】

得卦：天火同人（離8）

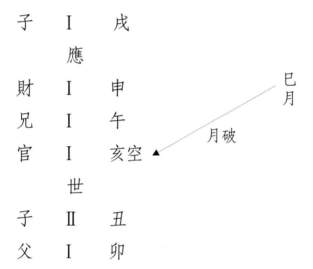

```
子    I    戌
           應

財    I    申                        巳
兄    I    午                        月
官    I    亥空  ◄----------- 月破
           世
子    II   丑
父    I    卯
```

★野鶴老人認為，月破為真空，這點，有商榷餘地。

★仔細推進，要看被沖的爻辰，處於一個怎樣的狀態，若是爻辰值日，可抵消它失令時的虛弱，所以，未可斷其在真空狀態。

卦以日辰為重，力量最強，統領全局，因此，日辰是影響爻辰破與不破的關鍵。「日傷爻，月沖必破；日生爻，月沖必起」，這原則上的分析，不論古今，皆不見有人提及，過去十多年，本人不斷從實例中去推敲及印證，得出的結果，希望讀者勿視之為草芥。

〔若日傷爻，月沖必破〕

〔若日生爻，月沖必起〕

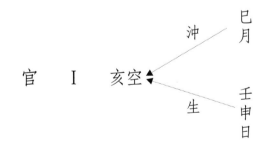

「有氣不動亦為空」

這句話值得商榷，前輩在解釋「不空」時，以「旺不為空」來作準則，現在竟又提出「有氣不動亦為空」的偉論，兩者互相矛盾，對錯難分，究竟哪一個是對，究竟哪一個是錯？讀者必需弄清楚。

個人認為，「旺不為空」的說法是對的，讀者不妨用實例去引證。

得卦：天火同人（離8）

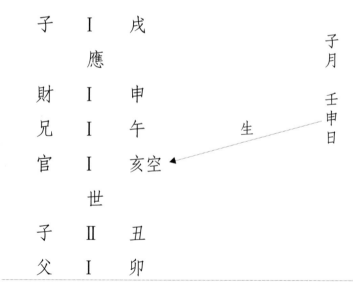

卦例分析

★這句『有氣不動亦為空』的說法是錯的，不要被人誤導。

★解卦時應將這句改為『有氣不動是假空』，才能與『旺不為空』的說法一致。

★總的說來，本人認為，只要爻辰旺相，動與不動，都不可作「空」論。

「伏而被剋亦為空」

前輩對待伏神的觀點，與「伏而旺相」的調子相同，一切從自己的狹窄觀點看事，從不客觀地在基礎原則上分析，常常弄出前後矛盾的判法。本人已在「伏而旺相」的部分，解釋其問題所在，在這裡不再囉唆了。

例子：

得卦：風水渙 （離6）

父	I	卯		
兄	I	巳		
	世			
子	II	未	酉財	合化火
兄	II	午	亥官空	
子	I	辰		
	應			
父	II	寅		

未月　乙丑日

卦例分析

★伏神旬空也好，不旬空也好，是否受剋，不是直接看日辰或月建而定，必需考慮飛神存在的角色，簡單說法，看清日辰、飛神、伏神三者的關係。

★飛神是日辰與伏神的媒介，它們是相生還是相剋，飛神起了決定性的作用。

★如果伏神旬空，再被飛神剋害，這才算是真空。

★此卦伏神旬空，月建合飛神午火，再化火，飛神火力強大，反剋伏神亥水，伏神空而受剋，當然是落入「真空」狀態。

「真空為空。真空者，春土夏金秋是木，三冬逢火是真空。」

原著者的「真空為空」的理論，只是談及四季五行的旺弱變化，與傳統的說法相同。下面是「春土夏金秋是木，三冬逢火是真空」的解釋。

春季屬木，木氣當令而剋土，若飛神是辰戌丑未，再遇旬空，便是真空。

夏季屬火，火氣當令而剋金，若飛神是申酉，再遇旬空，便是真空。

秋季屬金，金氣當令而剋木，若飛神是寅卯，再遇旬空，便是真空。

冬季屬水，水氣當令而剋火，若飛神是巳午，再遇旬空，便是真空。

引用四時五行的變化，來解釋飛神旺弱，是正確的做法，不過，易卦以日辰最大，若不將日辰納入討論範圍中，似乎又說不通。加入日辰，為真空與假空，添上不少變數。

舉例說明，讀者可理解得更透徹。

春土受剋，遇旬空，基本上是跌入真空境地，假使日辰是未土，能幫扶受剋的父辰，令它由「真空」轉入「假空」的狀態；反過來說，日辰又是木（寅或卯），父辰旬空而受剋，當然是一空空到底了。

【書例】

占求財

得卦: 風火家人（巽3）化 山火賁（艮2）

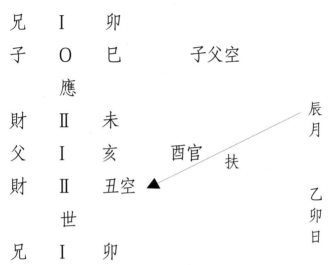

兄　　Ｉ　　卯

子　　〇　　巳　　　　子父空

　　　　應

財　　ⅠⅠ　　未

父　　Ｉ　　亥　　酉官

財　　ⅠⅠ　　丑空 ▲

　　　世

兄　　Ｉ　　卯

辰月

扶

乙卯日

註: 書例沿用本卦卦氣排後六親

原著者見解:

★丑財持世遇旬空, 雖有巳火之生, 巳火又化回頭之剋, 不能生丑土之財。

★此財既無生扶當主難求, 或又因三月之丑土財爻有氣, 古法有氣不為空, 不敢竟斷, 命之再占。

心一堂當代術數文庫・占筮類

卦例分析

★原著者曾述『有日建、動爻生扶者亦不為空』，既然如此，為什麼巳火重動不能生世丑土呢？他判卦標準，再次出現互相矛盾。

★原著者說財爻無生扶，是真的嗎？請看下述。

生方面：巳火重動，能生丑土財爻。

扶方面：月建辰土，能扶丑土財爻。

★原著者推搪「古法有氣不為空」，不敢下其判斷，要再占。是真的不敢斷還是其它原因，大家都無法印證，對他的說法，只是感到莫名其妙！

★其實，這支卦的重點，除了財爻外，也要利用六獸的性質反射，要了解全局，先將整支卦重排，再作推斷。

占問: 占求財

得卦: 風火家人（巽3）化 山火賁（艮2）

卦身: 未　　　　　　旬空: 子、丑

卦爻	六獸	六親	卦象	飛神	伏神	變卦/後六親
上爻	玄	兄	I	卯		
五爻	虎	子	O	巳身		子財空
			應			
四爻	蛇	財	II	未		
三爻	勾	父	I	亥	酉官	白虎財爻
二爻	朱	財	II	丑空		
			世			
初爻	龍	兄	I	卯		

辰月 乙卯日

註: 改用化卦（艮卦）卦氣排後六親

心一堂當代術數文庫・占筮類

★占求財，世是問事人，應是求財狀況。

★世持財爻丑土旬空，雖有生扶，力量稍弱。

★整支卦只有應爻發動，白虎子化白虎財。子爻為開創財源，財爻為求財結局，白虎為凶、為敗，將全組爻辰整合和解釋，便是求財不得，失敗而回的訊號。

★這支卦象並不複雜，只要排上六獸，及轉用化卦艮卦卦氣，景象便一目了然，即可斷卦。何用猶疑不決，又何用再占呢？

現再占求財，看看會是如何。

再占求財

得卦：火澤暌（艮5）化 山澤損（艮4）

```
父  I   巳
兄  II  未    子財空                沖動  →  辰
                                              月
子  O   酉            戌兄
    世                                         乙
                                              卯
兄  II  丑空                                   日
官  I   卯
父  I   巳
    應
```

註：書例沿用本卦卦氣排後六親

原著者見解：

★因得此卦合前卦而決之，斷財無氣，不必勞心。

★前卦丑雖則空而有氣，後卦子水財空伏於五爻未土之下，伏而又空，空而被剋，知其無財而無疑也，後果全無。

卦例分析

★此卦與前卦結果相同，不過，卦象顯示的角度不同而已。前輩見伏神財爻，旬空受剋，判無財可得。這只是判卦其中一種方法，如果財爻不伏、不剋、不空，就不懂判，這是未通易卦五行的表現。

★其實，這支卦可在另一角度來看。世持酉金子爻，被應巳火來剋，可判求財過程，必然受壓。最大的問題，是化戌土兄爻，成「酉戌相穿」的結構，有被剝削和暗損的意象，繼而兄爻被月建沖動，為不利求財的剋應。

★此時，看看卦中財爻，伏而空，當然沒財可得。

〔書例〕

占遠行求財

得卦：山天大畜 （艮3）

官	I	寅		子
財	II	子		月
	應			
兄	II	戌		辛
兄	I	辰	伏申子	亥
官	I	寅空 ◄┈┈┈┈┈┈	伏午父	日
	世			
財	I	子		

註：書例沿用本卦卦氣排後六親

原著者見解：

★世逢寅木，子月亥日俱作財神而生世，又喜應爻為地頭，世應相生，乃全美之卦。

★獨因世值旬空，若依古法斷者，無故自空，大凶之兆，故許之而遠去耶，命之再占。

卦例分析

★前輩本按五行生剋，已可正確推斷卦象原意，不過，他的思維，受到古法那句「無故自空，大凶之兆」的影響，產生疑惑，要再占一次，以定去向。這句古訣，相信來自《黃金策總斷千金賦直解》中一句「無故勿空」，其實它沒有特定的吉凶界線，只是指出，爻辰旬空，有其用意，問題是，我們能否掌握而已。

★古法將旬空定為「大凶之兆」，在某些情況下，是真的；但在另一環境上可能是吉。舉例來說，占財運，財爻本已失令，再陷旬空，當然是大凶，財不可得也；若兄爻值空，反覺美好，因為兄爻本質為劫財，臨空則無力劫我的財，財可得可守也。旬空的吉凶，要看占的主題，及它落於何爻，才可有定論。

　　以此卦例來討論，寅木旬空，真的另有用意，讀者可參考本人下面的分析：

★寅木得日、月、應生旺而有氣，是假空狀態。
★為什麼會入旬空？因為，若是不空，寅木便能跟日

辰亥水成合－「寅亥相合」。

★相合有合著或絆著的意象，一切都會動彈不得。這支卦問遠行求財，若不能動身，又怎去求財？所以寅木要落空，落空後才不能成合，其空的意義在此，並非大凶之兆。

★空了的寅木，此刻，只論生不論合，「有生」便能遠去求財，「不合」即可動身，其卦象意思，是問事人可遠行求財。

心一堂當代術數文庫・占筮類

再以一例說明:

〔書例〕

再占遠行求財

得卦：地火明夷（坎7）化雷火豐（坎6）

蛇	父	‖	酉			子月
勾	兄	‖	亥			
朱	官	X	丑	午財 沖	辛亥日
			世		
龍	兄	∣	亥	伏午財	
玄	官	‖	丑		
白	子	∣	卯空		
			應		

註：書例沿用本卦卦氣排後六親

原著者見解：

★此卦與前卦相同，此行大有利，斷得世爻丑土化午火回頭相生，目下月破，爾到地頭已出月矣，出月而不為破，開春寅卯月，以前卦決者乃世爻出空之月也，

逢子亥財生，滿心如願。

★甲寅日世爻出空之日，准行無疑，果於乙卯日起程，後到彼地，寅卯月間，諸事順心，滿載而歸。

卦例分析

★前輩認為，此卦與前卦卦象相同，利遠行求財。他所持的理據，是世爻丑土化午火回頭相生。是否回頭生便一定獲利？要逐一分析。

★雖說回頭生，但是「午丑」成害，當配以朱雀，不但求財費唇舌，而且得財困難。

★月建「子」水沖化出的「午」火財爻，他說是沖破，似乎不太了解化出的爻，力量仍在，月建來沖，便是沖起，不是沖破。若是沖起，便加強了回頭生的力量，同時也加劇了「午丑害」的不良特性，這是因求財而招惹的麻煩和困擾。

★本人不反對兩卦同參，但是並不讚同兩卦爻辰互用，因為兩卦的六親不同，根本上不可以兼而用之。若取前卦，後卦只作參考；如取後卦，前卦只作參考。

★「開春寅卯月，乙卯日起程」是填實後卦應位「卯

木子爻」而言，子爻是財爻的原神，也是求財的動力，所以是卯日起行。

基本上，兩卦表達的訊息不同。前卦利於遠方求財，後卦卻不利。如何求證？

前卦已作解釋，不贅，後卦要看本卦，財爻伏在值日辰的青龍兄爻之下，是無財可得之兆。所謂「諸事順心，滿載而歸」，是基於前卦的卦象來說，不是按後卦的卦象發展，證明前卦準確，後卦走遠。在此，可再一次印證，多占之法，不是妙法！

初習易卦，不明旬空的運用，是可以理解的，但熟習後，應該可以掌握的。所以，本人不明白，為甚麼原著者要『凡遇旬空，命之再占』的用法？這可以說，原著者對「旬空」的不解，與初學者無異，真有點兒超乎我的想像！

相信他在寫本書的時候，還未弄通旬空的竅門，所以才有下面的敘述：

「余初學卜，凡遇旬空，無法而斷，欲以之為到底全空，卻又應乎填實之日，而不空以之為不空，卻有到底全空。」

他對爻辰是處於「真空」還是「假空」的狀態，無法確定，因此無法而斷，若細看本人前述旬空，便明白其要領。

接下來，他有這個結論：

「後得多占之法，凡遇旬空，命之再占，卦吉者，許之出旬而不疾；卦得凶者，許之空矣。」

原著者認為多占之法，能解決占卜上的所有疑難，所以，凡遇旬空，同樣用上此法。問題是，再占時，以卦象吉者為不空，以卦象凶者為真空，這樣，不是脫離常理嗎？如果再占時，又遇上旬空，是不是需要再占，直至占不到旬空為止，還是定之為真凶？他的舉動和法門，令易卦變得有點離奇古怪，本人看後納悶當場！

【實例】旬空－1

西曆：	2015	年	8	月	16	日
陰曆：	乙 未	年	甲 申 月	甲 子 日		

占問：	占美國9月會否加息
得卦：	地雷復（坤2）化水火濟（坎4）
卦身：	子　　　　　　　旬空： 戌、亥

卦爻	六獸	六親	卦象	飛神	伏神	變卦	後六親
上爻	玄	子	\\	酉			
五爻	白	財	X	亥 空		戌	官 空
四爻	蛇	兄	\\	丑			
			應				
三爻	勾	兄	X	辰		亥	兄 空
二爻	朱	官	\\	寅	巳 父		
初爻	龍	財	\	子 身			
			世				

卦例分析

★此節談旬空，落點也應在這方面。占加息，以財爻為用神。

★世是美國，應是加息。世落初爻持卦身，美國主宰加息的決定，但是，世受應剋，必存在壓力。

★世應相剋，同時相合，子丑合成，合中有刑，已帶有想做而不能做的意象。

★用神財爻旬空，加白虎的破壞，增加不可落實的意思。財爻發動，本為不空，不過，化出戌土，又是旬空，發展出「自空化空，必成凶咎」的結構。在這情況下，自然加息不成。

結果：美國聯邦儲備局宣佈，在 2015 年暫緩 9 月加息。

【實例】旬空－2

西曆:	2015	年	7	月	28	日

陰曆:	乙	未	年	癸	未	月	乙	巳	日

占問:	Tommy 占事業（北京工作）

得卦:	水天需（坤7）

卦身:	酉	旬空：	寅、卯

卦爻	六獸	六親	卦象	飛神	伏神		變卦	後六親
上爻	玄	財	\\	子				
五爻	白	兄	\	戌				
四爻	蛇	子	\\	申				
			世					
三爻	勾	兄	\	辰				
二爻	朱	官	\	寅	空	巳	父	
初爻	龍	財	\	子				
			應					

卦例分析

★占事業，以官爻為用神。用神寅木失令，又洩於日辰，再遇旬空，用神是「真空」。

★真空的官爻，便留下缺口，可讓伏神出伏。伏神巳火，與日辰同氣，得引拔而出，朱雀父爻，是煩惱的表徵。

★世持子爻，他個人而言，當然不喜去北京工作，伏神出伏，轉合世申金，「申巳合」化水，水是財爻，一切煩惱，都是由金錢而來。

★再看財爻，不但被年月未土來剋，更受日辰巳火反剋，財爻弱勢，可以推斷，他被調北京，沒有額外津貼，才是他煩惱的重點。

心一堂當代術數文庫・占筮類

十三．暗動

「暗動」的漢字含義，可以很闊。「暗」有隱藏、模糊的意思；它與「明」相對，又是欠光彩、暗淡的反映；若再引伸，便有不易察覺、暗地進行的意象。若按此理，六爻「暗動」，其動，當然不易給人發覺，也沒法被人觸摸，當事人不察其動，皆因他身在變動之中，一旦時機成熟，事情在刹那間突變，結局可能令人十分錯愕！

書中提及暗動的文字不多，但有部分觀點，是很值得我們討論的。

「靜爻旺相，日辰沖之為暗動；靜爻休囚，日辰沖之為破。暗動者有喜有忌。用神休囚，得元神暗動以相生；忌神明動於卦中，得元神暗動而生用神，此皆謂之喜也。用神休囚無助，若遇忌神剋害用神，此皆謂之忌也。占以暗動福來而不知，禍來而不覺。又曰：吉凶之應，動急遲緩之應，則緩非此論。何嘗不知不覺，報應亦非緩也。」

「靜爻旺相，日辰沖之為暗動」

　　日辰與月建，對卦中六爻，起了生扶拱合或刑沖剋害的作用，一切都在陽光下進行，這是明沖不是暗沖，這句『靜爻旺相，日辰沖之為暗動』，野鶴前輩跟傳統「靜得衝而暗興」的說法一樣，定其為「暗動」，這叫法是否絕對正確，本人抱有懷疑的態度？

　　前輩說的暗動，其實是明沖。看下圖。

　　日辰或月建沖爻辰，是明目張膽地去沖，一般而言，會出現二種情況：可能是沖起或沖動，也可能是沖破。這是用卦的一般常識，相信沒有人異議。

　　除了靜爻被沖之外，本人認為，凡占得八純卦，即乾為天、坤為地、震為雷、巽為風、坎為水、離為火、艮為山、兌為澤，也是暗動的結構。

241

例：乾為天

```
父  I      戌   ⎫
       世  申   ⎪
兄  I      午   ⎬ 暗動
官  I      辰   ⎪
父  I  應      ⎭
財  I      寅
子  I      子
```

例：巽為風

```
兄  I      卯   ⎫
       世  巳   ⎪
子  I      未   ⎬ 暗動
財  II     酉   ⎪
官  I  應      ⎭
       亥
父  I  
財  II     丑
```

八純卦卦象，六爻寂靜，沒有重動或交動，所以看上來，是靜而不動，其實，卦中世應兩位，已構成六沖暗動。請看這兩支卦例，「乾為天」世應是辰戌沖；「巽為風」世應是卯酉沖。六沖本為動，這是「暗動」的原由。

前輩的『靜爻旺相，日辰沖之為暗動』，不論明動或暗動，爻辰受沖而生動態，是無可否定之事實；而下一句『靜爻休囚，日辰沖之破』，其說法是對的，不過它與暗動，根本沒有直接關係。

其實，「暗動」是一種狀態，一種暗地展開的狀態，這種狀態，須待時間去引爆。

「用神休囚，得元神暗動以相生；忌神明動於卦中，得元神暗動而生用神，此皆謂之喜也。」

所謂「元神暗動」為喜，如節錄所言，是有兩種情況的。

〔一〕 元神暗動, 暗助用神

「元神暗動」, 不一定如前輩所言, 由日辰沖動原神而起的, 也可以是原神發動, 間接去暗助用神, 有時亦稱為暗動。下面是其一例, 可供參考。

【舉例】

占問: 財運

得卦: 澤地萃 (兌3) 化 水地比 (坤8)

六親	卦象	飛神	伏神	變卦／後六親
父	II	未		
兄	I	酉		
	應			
子	O	亥		申兄
財	II	卯		
官	II	巳		
	世			
父	II	未		

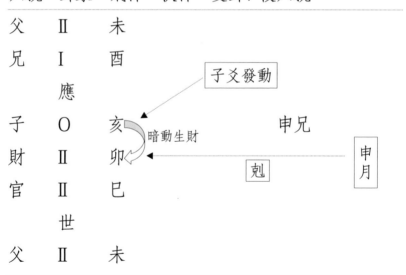

子爻發動

暗動生財

申兄

剋

申月

註: 舉例沿用本卦卦氣排後六親

卦例分析

★用神財爻失令，錢財難得。

★原神子爻發動，便可暗助和生旺用神，改善財運。

〔二〕 忌神明動剋用，元神暗助解困

前輩所謂「忌神明動於卦中，得元神暗動而生用神，此皆謂之喜也。」

如果讀者細心，便會留意到，這只不過是五行生剋的問題。

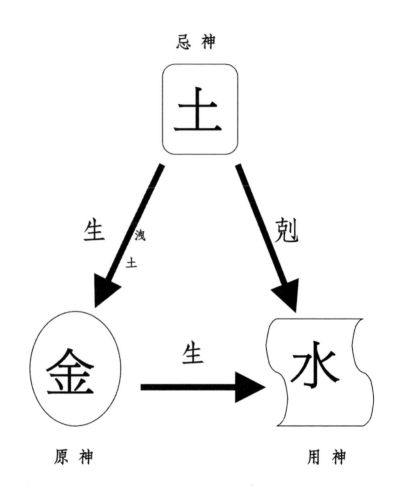

忌神

土

生　洩
　　土

剋

金　　　生　　　水

原神　　　　　　用神

解釋:

★忌神「土」在發動，可剋用神「水」。

★若原神「金」得日辰沖起或自身發動，它既可洩忌

神「土」，同時可生用神「水」。

★這樣，便形成土金水三者相生的互通作用。

占問: 事業

得卦: 澤地萃 (兌3) 化 澤山咸 (兌4)

六親	卦象	飛神	伏神	變卦/後六親
父	II	未		
兄	I	酉		
	應			
子	I	亥		
財	X	卯		申兄
官	II	巳		
	世			
父	II	未		

洩

生

亥月 庚子日

註: 舉例沿用本卦卦氣排後六親

卦例分析

★占事業, 以官爻為用神。

★忌神子爻亥水, 值月日扶, 力量大增, 加強剋官能力。

247

★若原神財爻發動，便可洩亥水子爻，同時生巳火官爻，造成互通功用，能救官爻於危難之中。

「暗動者，有喜有忌」

這句說話，也是用卦常識，「暗動」是好是壞，要按你所問之事來定。

問姻緣，得卦巽為風，世應是卯酉桃花相沖，當然有利遇上異性，發展感情；若得卦乾為天，世應是辰戌相沖，也是父爻相沖，有結婚的沖動，卻沒有感情的機遇，怎會成功？讀者反覆想想，便明白當中分別。

〔書例〕

占問：占女病

得卦：坤為地（坤1）化 地水師（坎8）

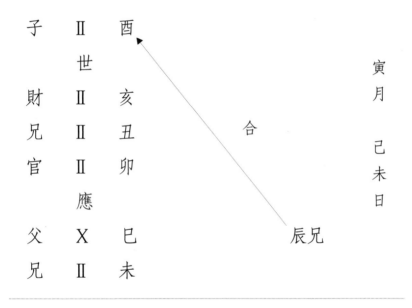

註：書例沿用本卦卦氣排後六親

原著者見解:

★酉金子孫，雖則春令休囚，得日辰生之。

★二爻巳火動而剋金，得未日沖動丑土，火動生土，土動生金，花雖密以全生。目下甚危。今日未申時有救，果於申時遇明醫救治。

卦例分析

★本人不同意未日沖丑生世的說法，多翻思前想後，總覺原著者刻意製造「暗動」的結構，令解釋畫蛇添足。日辰未土，明明可直接生世，何須先沖丑土，後生酉金，真不明其意何在！

★另一方面，巳火父爻化辰土兄爻，合世化金，金是子爻，子爻是藥，其女當然有救。

★卦象沒有錯，只是原著者的解說，總是左兜右轉，不是很耐人尋味嗎？

【實例】 － 暗動 1

西曆:		2012	年		6	月		13	日
陰曆:	壬	辰	年	丙	午	月	乙	巳	日

占問:	Paul占求職

得卦:	巽為風（巽1） 化風火家人（巽3）

卦身:	巳	旬空： 寅、卯

卦爻	六獸	六親	卦象	飛神		伏神		變卦	後六親	
上爻	玄	兄	\	卯	空					
			世							
五爻	白	子	\	巳	身					
四爻	蛇	財	\\	未						
三爻	勾	官	\	酉						
			應							
二爻	朱	父	O	亥				丑	財	
初爻	龍	財	X	丑				卯	兄	空

251

卦例分析

★占求職，世應卯酉相沖，是為暗動，證明他正在找尋新工作。

★用神是官爻，被日剋和月破（午酉破），月內成功機會很低。

★卦中朱雀父爻重動，暗生世位兄爻，兄爻越旺，劫財的欲望越大，薪金的要求越高。所以，父爻化丑土財爻，薪金高低，是此卦重點。

★青龍財爻發動，也是間接生旺官爻，令它有氣，不過化卯木兄爻回頭沖官爻，同時又回頭剋財爻，新職的薪酬，跟 Paul 要求的，仍然有一段距離。

★若他不肯降低薪酬，求職只是空談空想而已。

結果：兩個月後，Paul 來電，他仍未找到新工作。

【實例】－ 暗動 2

西曆：	2012	年		10	月		29	日
陰曆：	壬	辰	年	庚	戌	月	癸	亥	日

占問： Apple 占與 Chris 的緣份

得卦： 雷水解（震3）化 雷山小過 （兌7）

卦身： 丑　　　　　**旬空：** 子、丑

卦爻	六獸	六親	卦象	飛神	伏神			變卦	後六親	
上爻	白	財	\\	戌						
五爻	蛇	官	\\	申						
			應							
四爻	勾	子	\	午						
三爻	朱	子	X	午				申	兄	
二爻	龍	財	O	辰				午	官	
			世							
初爻	玄	兄	\\	寅	子	父	空			

253

卦例分析

★女占緣份，以官爻為用神。此卦世應財官對位，對感情發展，當然有利。

★世財爻在卦內發動，造成暗動，既動來生官，Apple 對 Chris 產生傾慕之情。

★應持螣蛇官爻申金，得月來生，Chris 對這段感情，也懷著鍥而不捨的心。

★世化午火官爻，Apple 的心，早已跌進他的關懷裡。按午火桃花特性，她們正在熱戀中，不過，午火回頭尅應，她那種欲拒還迎的心態，非過來人是很難體會得到。

★不過，子爻交動，將出現『暗動』尅官，更化作兄爻，感情發展，必然受到阻礙。

　　結果：Apple 很喜歡 Chris，但是，她剛離婚，並育有一子一女，為了他們，堅拒 Chris 的追求。因為他鍥而不捨的攻勢，將芳心打動，Apple 對原先的決定，有所動搖！

十四．六神之謎

翻開任何一本易卦古籍，都有提及六神的章節，六神又稱六神獸，簡稱「六獸」，即青龍、朱雀、勾陳、騰蛇、白虎、玄武。除了易卦外，玄空風水也用上四神獸──青龍、朱雀、白虎、玄武。

六獸在術數中縱橫馳騁，前人大筆一揮，只寫下寥寥數句，後學不覺得奇怪嗎？六獸意象，若真的如此簡單，又不免小觀了它們的作用。六獸既可借來辨象，也可折射人事處境，其獨有功能，在飛伏或六親中，難尋半點痕跡，因此，我們可以推斷，前人設立六獸，用意深遠，非一言數句，便可概括所有。事實上，六獸能反映之事，可大可小，可近可遠，可深可淺，問題是，誰人掌握當中竅門而已。

不知何解，古書卦例解釋，大部分捨六獸不用，只取飛神與六親作判斷，若讀者有檢視書例的習慣，便會發現，許多解釋，都是十分牽強，本人懷疑，原著者是否得知結果後，才將飛神和六親湊合起來，解

心一堂當代術數文庫・占筮類

255

說卦象，若真的如此，雖可蒙蔽習者一時，卻沒法騙得過歷代易卦能手，他們當然知道問題所在，也明白缺少了六獸的卦象，如同失去光環，黯然無光，一切變得似是而非，無法掌握當中關鍵。

要卦卦準確，須要配合六神來推斷，基本上，易卦組合，分成三部，即飛神、六親與六獸，三者合而成象；象分吉凶，顯示事情之成敗。三者若缺其一，便不能成象，如何推斷得失休咎呢？

以占財運作例，用神財爻得助，可斷財運亨通，若配上六獸，一切似乎不一樣了。青龍配財爻，主正財豐厚；白虎配財爻，主先得財而後大破。同是財爻得用，因六獸不同，結局有天淵之異。若只用上飛神和六親斷事，焉能推知其結局好壞呢！

這本《增刪卜易》，內容雜亂無章，但是，本人不得不承認，原著者野鶴老人引述《千金賦》見解，指六獸為「附合之神」，真是一語道破！明其意者，便知他所言非虛；不懂者，可能反指他胡說八道。要

知其孰真孰假，便要花上篇幅解釋，否則，讀者沒法弄清當中關係。

引其內容：

「惟千金賦曰：虎興而遇吉神不害其吉，龍動而逢凶曜難掩其凶。此正理也，然則六神而不驗耶乎，乃附合之神也，卦之吉者逢龍而更吉，卦之凶者逢白虎而更凶，且元武主盜賦，朱雀主口舌，無不驗也，至於家宅墳墓不可少也。」

本人在《象數易之入門及推斷技巧》和《象數易之姻緣與婚姻》兩書中，已交代六獸在卦中的用途。的而且確，六獸是「附合之神」，為什麼有此說？又不妨逐點解釋。

首先，我們要明白，卦中六爻力量，源自日辰與月建，得日月生旺，爻辰有力；被日月剋害，爻辰無力。由此可知道，日月的生扶拱合或刑沖剋害，是對爻辰的把弄，並非對六親或六獸而發。

其次，六獸本身無力量可言，它們的存在，便要依賴他人，能擔此任務的，非飛神莫屬。當六獸附合於飛神，便可藉飛神的力量，帶出六獸正反兩面的特性。

因此，我們便可解釋『虎興而遇吉神，不害其吉』，其實是指用神得用，白虎變得溫和，減低其破壞力量，反增加其處事的敏捷和速度，所以才有『不害其吉』的解釋。

下一句「龍動而逢凶曜，難掩其凶」，其所指的「凶曜」，不是指用神受剋，而是忌神得用，配以青龍，其禍必大，例如占財運，青龍兄爻發動便是。

在節錄中，最值得研究的兩句：「卦之吉者逢龍而更吉，卦之凶者逢白虎而更凶」，何謂「卦之吉」，何謂「卦之凶」？前輩未有進一步解釋。

以本人理解，所謂「卦之吉」，即用神得生旺，而「卦之凶」，是用神受剋害。

増刪卜易之 六爻古今分析

占事業-「卦之吉」

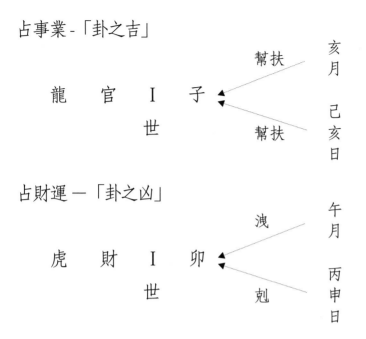

占財運—「卦之凶」

　　所以，有「卦之吉者，逢龍而更吉」的說法，青龍有喜慶、巨大、正面的意象。占事業，青龍官爻得生旺，是升職之應；占財運，青龍財爻得生旺，有加薪之兆；占尋人，青龍父爻得生旺，是尋獲之徵。

　　另一句「卦之凶者，逢白虎而更凶」，若用神受傷，再遇白虎，便是傷上加傷，因而有「逢白虎而更凶」的說法，白虎主肅殺，主破壞，主崩潰，算是用神得生旺，也不宜臨之，何況是用神受創的時空！占事業，

259

心一堂當代術數文庫・占筮類

白虎官爻受剋，是解催之應；占財運，白虎財爻受剋，是破財之兆；占疾病，白虎官爻受剋，是開刀之徵。

因此，要清楚明白六獸的功用，必先了解其身處何地，「旺則順，弱則逆」，其性質好壞剋應，皆在其中矣。

〔書例〕

占生產

得卦：山地剝 （乾6） 化 風地觀 （乾5）

朱	財	I	寅			
龍	子	X	子	伏申兄	巳官	戊子日
		世				
玄	父	II	戌			
白	財	II	卯			
蛇	官	II	巳			
		應				
勾	父	II	未空			

註：書例沿用本卦卦氣排後六親

原著者見解:

★子水子孫化絕變官鬼,本日落草而亡。

★青龍臨子孫,亦可謂之喜。

卦例分析

★占生產,又稱為「占六甲」,以子爻為用神,值日臨青龍,青龍有氣,是喜慶之兆。

★應持官爻巳火,世子爻化出又是官爻巳火,官爻主驚恐憂心,生產過程必有凶險,幸得日辰子水剋制,必然逢凶化吉。

★這支卦,青龍臨世故然有助,然而其主要力量,在日辰子水,令一切扭轉乾坤。

心一堂當代術數文庫・占筮類

占兄病

得卦: 水雷屯 （坎3） 化 震為雷 （震1）

玄	兄	Ⅱ	子		
虎	鬼	O	戌		申父
			應		
蛇	父	X	申		午財
勾	鬼	Ⅱ	辰	伏午財	
朱	子	Ⅱ	寅空		
			世		
龍	兄	Ⅰ	子		

白虎父爻主喪服　申月　甲辰日

戊申日

註：書例沿用本卦卦氣排後六親

原著者見解:

★子水兄爻為用神，卦中忌神、元神同動，土動生申，申金動而生子水，月建又生子水。

★至戊申日，沉病復起，豈可謂之蛇動主死，虎動主喪耶?

增刪卜易之六爻古今分析

卦例分析

★代占之法, 本人並不認同。這種方法, 只取用神來用, 漠視世應、旬空、卦身的運用, 判卦失去了整體性。

★此卦用神兄爻, 跌入非重點的閒爻位置, 而且兩兄爻齊現, 應取哪一爻為判, 原著者沒有交代。

★原著者以「至戊申日, 沉病復起」來質疑「蛇動主死, 虎動主喪」說法。反過來說, 我十分懷疑他說的結果, 是不是真的「沉病復起」？只有他自己才知, 我們沒法考證。一般而言, 應位白虎官爻化白虎父爻, 是喪服克應。

【實例】六獸 －1

西曆:		2015	年		10	月		15	日
陰曆:	乙	未	年	丙	戌	月	甲	子	日

占問:	Kathy占出售物業

得卦:	雷地豫（震2）

卦身:	午	旬空：	戌、亥

卦爻	六獸	六親	卦象	飛神		伏神		變卦	後六親
上爻	玄	財	\\	戌	空				
五爻	白	官	\\	申					
四爻	蛇	子	\	午	身				
			應						
三爻	勾	兄	\\	卯					
二爻	朱	子	\\	巳					
初爻	龍	財	\\	未		子	父		
			世						

増刪卜易之六爻古今分析

卦例分析

★占出售物業，基本上要看財爻和父爻，財爻看價格，父爻看消息。

★世應午未合，合中有刑，Kathy 初期，沒有出售此物業的想法。

★不過，日辰子水，將財根騰蛇子爻午火沖破，卦身又入位，面對收入不穩，沒有其它辦法下，她唯有出售物業。

★注意「青龍」的位置，它落在世爻，變成世持青龍財爻未土的結構。青龍主巨大，財爻主售價，她開價時一定很進取，因而物業在市場上的吸引力不大。

★同時，世位飛伏成「子未害」，伏是父爻，由於價格問題，她得不到買家正面的回應。

★若她堅持價格，成功出售物業的機會很微。

結論：

　　青龍雖然主喜慶、巨大等，說實話，它是不是喜慶，是不是巨大，還是要參看飛神的旺弱而定。有時，飛神強旺，卻遇上「子未害」、「酉戌穿」、「子卯刑」的組合，青龍的本質，亦會跟隨飛神的不良結構而變壞。

【實例】六獸 － 2

西曆：	2012	年	4	月	4	日
陰曆：	壬 辰 年	甲 辰 月	乙 未 日			

占問： 麥先生 占 姻緣

得卦： 風火家人（巽3） 化 天火同人 （離8）

卦身： 未　　　　　　旬空： 辰、巳

卦爻	六獸	六親	卦象	飛神		伏神		變卦	後六親
上爻	玄	兄	\	卯					
五爻	白	子	\	巳	空				
			應						
四爻	蛇	財	X	未	身			午	兄
三爻	勾	父	\	亥		酉	官		
二爻	朱	財	\\	丑					
			世						
初爻	龍	兄	\	卯					

卦例分析

★男占姻緣，以財爻為用神。世是麥先生，財爻進駐，女友在他心中，盤據著重要的位置，何解？「朱雀」丑土，能言善道，自然將麥先生的心，緊緊的牽著，但是，保鮮期過後，難保一切依舊！看到日辰來沖，便知這段姻緣，已生起了變化。

★應是姻緣，「白虎」子爻巳火，破壞力強，子爻剋官有力，刻下旬空，既不能生世，也不能使感情落實；若不落空，子爻刑剋官爻更重，不論空與不空，已暗示這段姻緣，難有美滿的結局。

★官爻是麥先生自己，伏而不出，官爻生父爻，逐漸洩氣，他的男友地位，逐漸模糊。

★「螣蛇」未土財爻值日，卦身所在，螣蛇的交際手腕，得以發揮，左右逢源，吸引其他人的目光。他女友是個聰明人，當然懂得利用時機，所以未土化出午火兄爻，回頭合財爻，「午未相合」，剎那間化作感情糾纏，同時，兄爻又跟世成「丑午相害」，結局是怎樣，相信都不用多說了。

★可以推斷，踏入夏季，女方必另結新歡，離他而去。

結論:

　　從這支卦，我們知道六獸的演繹，已有進化，涵蓋的層面更廣，例如，騰蛇除了主怪異與災害外，現在它還代表很強的交際手腕。因此，六獸的特性，應配合時代步伐，一起前進。

十五．應期真假

　　何為應期？一般是指克應日期，占財運，應期是指進財日期；占升職，應期是確認日期或是升職日子。以占財運為例，不一定在某日子得財，可能是破財，在這情況下，我們應怎樣去理解「應期」？這一切，對不少學卦者來說，仍然是一個解不開的心底謎團！

　　任何一支卦都有克應，克應可分為兩部分。其一，是占問事情的結果；其二，是預測發生的日期。一般人所說「應期」，只著眼於事情出現的時日，其實，它只是克應的一部分。

　　不少易卦書籍，都有談到看應期的法則，由於原著者的觀點不同，各有各的心得，很難用同一條公式去計算，事實上，當中涉及的問題，絕非一言兩語便可說得清楚明白。看古今易卦能手，各自有取應期的方法，既有取旬空，又有取合局，亦有取動爻，也有取卦身，更有取被沖之靜爻，總之，各有各的見解，

而且他們對自己的方法，既肯定又堅持，從不讓步，其用法孰真孰假，不易作出判斷，唯有拿多些實例來印證，方可得出答案。

　　野鶴老人在此書中，詳列各種取應期的方法，當中有錯有對，大家不妨逐一去研究及探討。

「靜而逢值逢沖」

原著者見解:

如主事爻臨子水不動，後逢子日午日而應之，餘仿此。

〈逢值逢沖是應期〉

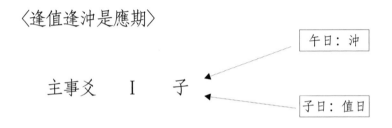

　　本人分析：靜卦是六爻不動，在子日或午日，雖然是應期，其實情況是有點不同的。

【子日】：主事爻子水值日，爻辰坐旺，有機會是克應期，不過，若子水旬空，卦有「無故勿空」的說法，所以值日填實，是真正的克應之期。

【午日】：午日沖主事爻，沖為動，是啟動的意思，以此為應期也是合理。不過，大前題是子水必需當令，否則，它不一定是應期。

「動而逢合逢值」

原著者見解：

　　如主事爻臨子水發動，後遇丑日子日而應之，餘仿此。

　　本人分析：原著者以主事爻發動，逢合逢值，便是應期，本人認為不對的。

【丑日】：主事爻臨子水發動，行至日辰「丑」土來合，並不合理。首先，要分析主事爻是否已發動？

若爻已發動，應取化卦後的爻辰來用；若未發動，主事爻臨子水，只受制於丑日，合則不動，又涉合中帶刑，是受困的意象。丑日怎會以此為應期呢？

〈逢合非應期〉

　　主事爻　　　X　　子 ◂┄┄┄ | 合 | | 至丑日 |

【子日】：主事爻臨子水發動，行至日辰「子」水，只是加快事情的發展，並不是應期所在，而應期每每在化卦後的爻辰上，這又不可不知也。

〈值日發動，亦非應期〉

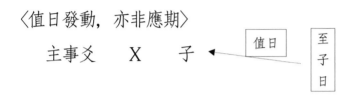

「太旺者逢墓逢沖」

原著者見解:

　　如主事爻臨午火，又遇巳午月日占卦，或卦中巳午爻太多，後逢亥子日應之，又有戌日應之乃火入墓也。

本人分析:

　　這裡分開逢墓和逢沖解釋，較為清楚。

【逢沖】：主事爻臨午火（或巳火），當令或值日，至子水（或亥水），將午火沖起，多是應期，這倒是事實。簡單來說，是六沖對沖。

〔午火，子日來沖〕

　　主事爻　　I　　午　◄-----　沖　　至子日

〔巳火，亥日來沖〕

　　主事爻　　I　　巳　◄-----　沖　　至亥日

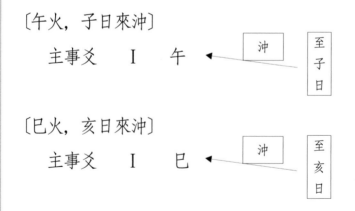

【逢墓】：如果午火逢戌日便是應期，是說不通的。既然午火入日墓，本身有等待的訊息，要待墓破，才見光明，哪會是應期呢？

主事爻　　Ｉ　　午　◄┈┈┈┈　入墓　　　至戌日

本人在〈隨鬼入墓〉部分，已解釋日墓之謊謬，不可以此作為應期。

「衰絕者，遇生遇旺」

原著者見解:

如主事爻屬金，占卦於巳午月日，即是休囚無氣，後逢土月日或至秋令當時，則旺矣！餘仿此。

本人分析:

原著者認為主事爻休囚無氣，要行至生旺的月日，便是應期。這種取應期方法，一定時準時不準，為什麼？請看下面分析。

主事爻休囚無氣時，本身已無能力抵抗任何外來力量，若被月建或日辰來沖，是為「沖破」，所有事物都被沖致飛灰煙滅，沒法延續下去，此刻已是「應期」，並帶出了一個不良的結局！即使下一天踏入當令的季節，一切已經太遲，曲終人已散，值日值月，又有何用？

主事爻「申」，「寅」月占卦，是月破。
主事爻「申」，「寅」日占卦，是日破。
主事爻「酉」，「卯」月占卦，是月破。

主事爻「酉」，「卯」日占卦，是日破。

主事爻「酉」，「午」月或日占卦，是相破。「午酉相破」比其它的破，都來得快，往往令當事人措手不及。

「入三墓俱喜衝開」

原著者見解:

如主事爻臨午火，假使火墓於戌，後逢辰日則應
之，餘仿此。

本人分析:

所謂入「三墓」，即入日墓、入動墓、入化墓三
種情況，有關入墓細節，請參看〈隨鬼入墓〉章節部分。

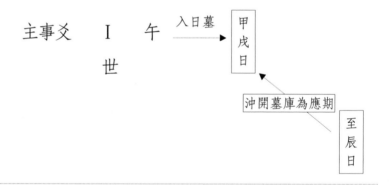

原著者謂主事爻入墓，而後逢辰日衝開，便是應
期。如上圖，至辰日，衝開占卜日之「戌」，是其所
說的應期。在『太旺者逢墓逢衝』裡，已作解釋，此
處不贅。

在這裡多提一點，原著者在『太旺者逢墓逢沖』的解釋應期裡，有這句「又有戌日應之乃火入墓也」，究竟是「入墓」為應期還是「沖墓」為應期？前後說法不一，他不是在自打嘴巴嗎？

三墓中，以化墓而後逢辰日沖開最為合理，可作為應期來用，大家可自行印證。

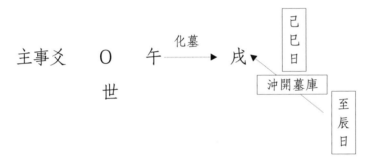

心一堂當代術數文庫・占筮類

「遇六合亦宜相擊」

原著者見解:

　　如主事爻與日月作合，或動而化合，吉凶必待沖開之月日應之。如主象臨子與丑作合，後逢午未日應之，餘仿此。

本人分析:

　　主事爻與日辰或月建合著，至沖開日月的日子為應期，這觀點及用法，也算合理。

　　「月破喜逢填合」

原著者見解:

　　如子月占，主事爻臨午火，乃為月破。後逢未日應之，謂之破而逢合。又有逢午月應之，填實之月，則不破矣！餘仿此。

本人分析:

　　或許應將這句訣分開來寫 - 『月破喜逢填』、『月破喜逢合』，讀來較易明白，不過，讀來清楚，不一定是正確無誤，要再深入一步去探討。

　　「月破喜逢填」:

　　第一，原著者認為主事爻臨午火，子月占為月破，至午月填實，作為應期。首先，我們弄清兩點。

◆所謂「月破」，是主事爻月內被沖破，出月便不破。

◆「至午月填實」，若午火旬空，才可說是「填實」，否則，逢午月是值月，不要弄錯。

　　第二，午火旬空，逢午月填實，有機會是應期；倘若午火不空，值午月，只不過月內加強主事爻力量而已，不一定是應期，讀者要留意。

「月破喜逢合」：

原著者以主事爻臨午火，子月占，為月破，後逢未日，是「破而逢合」，並以此為應期。本人不否認「破而逢合」的功用，但是，我們不應看它為應期。凡占卦，以開卦當天的月建和日辰最為重要，在這，原著者只談月建子月，卻沒提當天日辰，反而取往後的未日來用，不是有點古靈精怪嗎？

正確的「破而逢合」，是應取開卦當天的日辰來用，這才合理。

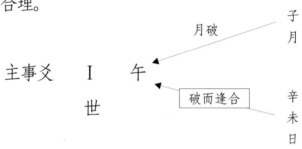

其實，「破而逢合」也不是應期，正確的應期，是再逢丑月丑日的機會最大。

有時，我們亦要參看六爻的排列，不可一概而論。

「旬空最愛填沖」

原著者見解：

旺不為空，動不為空，有日建、動爻生扶者亦不為空，動而化空，伏而旺相，皆不為空。

本人分析：

在〈旬空概念〉一章，已所述甚長，不過，在這可提提大家，凡被沖空填實的主事爻，它們都是處於假空狀態。

「大象吉而受剋，須待剋神受剋」

原著者見解：

假令用神臨辰土，得日月生扶，乃為大象吉也。倘被寅卯剋害，後逢申酉日沖剋剋神則吉，餘仿此。

本人分析：

這句是討論主事爻的生剋，是基礎的概念，得日月生旺為吉，被日月剋害為凶，此非談應期。

「大象凶而受剋，須防剋者逢生」

原著者見解：

即如前說，用神臨辰土，既無日月動爻之生，乃為大象凶也。再逢寅卯剋制者，後逢寅卯亥日，則凶。餘仿此。

本人分析：

這句同樣是討論主事爻失令逢剋的情況，若受剋而再逢剋害，是大凶之兆，這也非談應期。

「元神來助來扶，貴看用神衰旺；忌神來剋來沖，觀元氣興衰。」

原著者見解：

以上二條，元神忌神章註解明。

本人分析：

元神即「原神」，不論原神或忌神，它們的存在，只是增強或剋制主事爻的力量，跟應期沒有直接關係。

「化進神、逢值逢合」

原著者見解：

　　如申動酉，乃為進神，為福為禍，有應申月日者，有應巳月日者，餘仿此。

本人分析：

　　主事爻由「申」化「酉」，的的確確是化進，不過為何申月日或巳月日是應期？我們來分析一下。

　　「化進神，逢值」：

　　主事爻「申」金發動，逢申月或申日，定為應期，原著者可能認為值日或值月，力量最大，才有此結論。

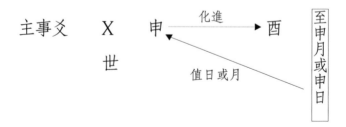

本人認為，判應期除了留意發動的爻辰「申」金外，還要考慮化出的爻辰「酉」金，這樣，可更準確地找出應期。對與否，大家可以以實例去測試。

「化進神，逢合」：

原著者以月或日合發動的主事爻申金，成「巳申合」為應期，此法跟他早前說的「遇六合亦宜相擊」的觀點相違。

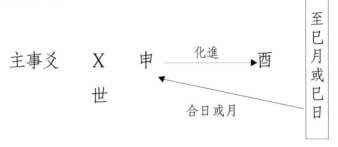

這處以相合為應期，六合則以沖開為應期，兩者在概念上，不是互相矛盾嗎？本人認為，以沖開合局為應期較合理可取。

「化退神，忌值忌沖」

原著者見解：

　　如酉化申，有應申月日者，有應寅日月者，餘仿此。

本人分析：

　　在討論進神合局時，原著者以本卦發動的主事爻為重心，但是在此論退神合局時，卻轉用化卦後的爻辰，他怎樣定出兩種原則，卻沒有交代，暫按其法討論便是。

　　「化退神，忌值」

　　原著者認為化退爻辰，值日或月，也是應期，若以「忌值」的解釋，結局不良。

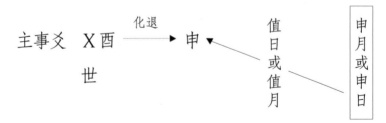

　　坦白說，爻辰化退值日或值月，不一定差，要看

占問之事和整體結構，才可下判斷。

「化退神，忌沖」

原著者認為化退爻辰，日或月沖，同樣是應期，若以「忌沖」來理解，結局必差。

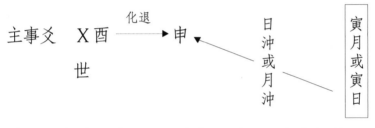

若只得此爻發動，日月沖化退爻辰，毫無疑問，這是應期，倘若多於一爻發動，此爻逢沖，也不一定是應期。

「問有應於獨發獨靜」

原著者見解:

　　五爻俱動，一爻不動，謂之獨靜；五爻不動，一爻獨動，謂之獨發。事之成敗，由乎用神；遲速應期，亦由乎用神。

本人分析:

★獨發也好，獨靜也好，其實都在於一爻之取用。「獨發」則重在發動爻辰，「獨靜」則重在不動爻辰。

★因只取一爻斷事，所以得失成敗，亦在於此。

★應期當然也在其中。定應期快慢，一般以「獨發」為快；「獨靜」為慢。

「問有應於變爻動爻」

原著者見解:

　　如爻臨戌土，變出酉金，有應戌日，亦有應此日。

本人分析:

★原著者解釋這一句，十分粗糙，只要變爻或動爻值日，便是應期，這個說法，有點像小兒玩泥沙，令人沒法相信。

★假設發動爻辰是應期，若卦中三爻在動，應取哪一動爻來用？又怎樣如去定應期呢？所以，習卦者切忌過於拘泥古法，蒙蔽自己。記著，斷卦要全盤觀察。

「勿謂爻之不驗，遠近當分」

原著者見解:

遠事定之以年月，近事應之於時日。間有占遠應近，占近應遠，占月應年，占日應時，不可不知。

本人分析:

莫說卦爻有驗有不驗，就算是應期，亦有遠和近的分別。如何去定遠近？一般人都不知就裡，只要我們靜下來想想，又不難找到答案。熟習易卦的朋友，都知道動卦的動力大，事情發展迅速，因此，事情多

291

應於短期之內；靜卦欠動力，須待日月時之配合，事情方可被啟動，所以，它一般都應於較遠之時日。

　　原著者提到「占月應年，占日應時」，這種情況也有可能，大家可多加留意。一般而言，易卜以一年為限，其克應多應於該年之月、日、時內，或間有應於次年，不過例子不多。

　　「倘遇卦之不明，再占是法。」

原著者見解：

　　卦有恍惚者，再佔一卦，不可妄斷。

本人分析：

　　本人極不讚同用這種多占之法找應期，因為多占一次，卦象越見模糊，更容易失去方向，有關細節，已詳盡寫在「一事多占」的章節內，大家可翻來看看。

「世空元動，須待元神逢值。」

原著者見解:

　如甲辰旬，占求財，得困之坎，亥日得財，餘仿此。

本人分析:

★根據原著者推論，占求財，以財爻為寅木用神，亥水子爻為元神。

★他以元神亥水值日為應期，是得財之日，所以，至亥日，便為應期。

★本人不太明白，為何原著者不取寅日 （用神值日）而取亥日 （元神值日） 來定應期，不是有點怪嗎？

以下用一卦例作分析：

占問：求財

得卦：澤水困（兌２）化坎為水（坎１）

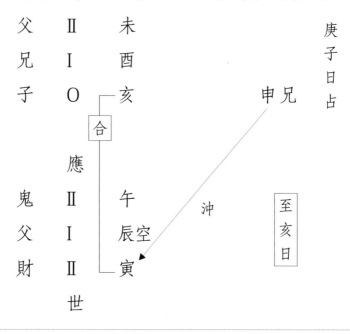

原神亥水重動，得日辰幫扶，若至亥日為應期，哪會發動化申金兄爻，回頭沖世？若按這支卦的動變，應期應該是「申日」，此乃野鶴前輩之『遇六合亦宜相擊』的原則。申兄回頭沖破合局，是求財變破財的克應。

「世衰元靜，必然是元氣逢沖。」

原著者見解：

如秋占圖謀，得困卦，後逢巳日成事，餘仿此。

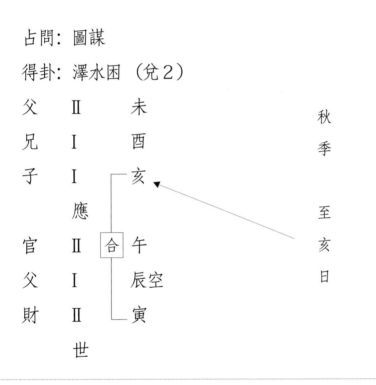

占問：圖謀

得卦：澤水困 （兌2）

父	Ⅱ		未	秋
兄	Ⅰ		酉	季
子	Ⅰ		亥	
	應			至
官	Ⅱ	合	午	亥
父	Ⅰ		辰空	日
財	Ⅱ		寅	
	世			

卦例分析

★秋季金旺木衰，所以原著者才有「世衰」的說法，其實，世爻寅木，跟應在相合的狀態中，若不是在申月，

不會月破。

★酉月生應亥水，可加強生合寅木，所以要到「巳日」，沖亥水，合局破，應期至，占「圖謀」，這是結局失敗的卦象。

十六．卦例研習

《卦例 1》

西曆：	2015	年		10	月		29		日
陰曆：	乙	未	年	丙	戌	月	戊	寅	日

占問：	呂婆婆 占 疾病

得卦：	水天需（坤7）化 水雷屯（坎3）

卦身：	酉　　　　　　　　旬空： 申、酉

卦爻	六獸	六親	卦象	飛神	伏神			變卦	後六親
上爻	朱	財	\\	子					
五爻	龍	兄	\	戌					
四爻	玄	子	\\	申	空				
			世						
三爻	白	兄	0	辰				辰	官
二爻	蛇	官	0	寅	巳	父		寅	子
初爻	勾	財	\	子					
			應						

卦例分析

★占疾病，世持子爻，有利治療。子爻申金，得月建戌土來生，雖值旬空，體格還可，可抵受日辰寅木的衝擊，同一時間，將子爻的救助力量沖起。既然救助的意象生起，便可引伸為疾病的出現。

★應位財爻失令兼被洩，失去生扶官爻的力量，因此，可以推斷，這是新病，不是舊患。

★看用神官爻落在二爻，便可推斷患病位置，古訣有「二爻雙腳患非常」的說法，所以，我們可以肯定，呂婆婆雙腳有事，再推下去，官爻臨螣蛇重動，有跌倒受傷的意象。

★官爻化子爻，寅化寅是「伏吟」，暗示情況沒有惡化，且化出的子爻，呼應世位子爻，便有逢凶化吉的吉兆。

★此卦還有三爻在動，「三爻腰背常輕軟」，問題在腰背上下，辰化辰同樣是「伏吟」，兄化官，白虎加臨，便有損傷骨折的意味。

★綜合而言，呂婆婆跌倒受傷，也可能出現骨折情況，不過情況不嚴重，沒有生命危險。

事件背景:

　　呂婆婆參加深圳一日遊，回程時跌倒送院，除雙腳受傷外，盤骨也有裂痕，幸好不需做手術，但要待傷口自然癒合。

心一堂當代術數文庫・占筮類

《卦例 2》

西曆:	2015	年	10	月	29		日
陰曆:	乙	未 年	丙	戌 月	戊	寅	日

占問： L 小姐占轉工

得卦： 坤為地(坤1)

卦身： 亥　　　　　旬空：

卦爻	六獸	六親	卦象	飛神		伏神		變卦	後六親
上爻	朱	子	\\	酉	空				
		世							
五爻	龍	財	\\	亥	身				
四爻	玄	兄	\\	丑					
三爻	白	官	\\	卯					
		應							
二爻	蛇	父	\\	巳					
初爻	勾	兄	\\	未					

增刪卜易之六爻古今分析

300

卦例分析

★占轉工，世應六沖「暗動」，應有新職約見。

★世坐上爻，L小姐本身是職位高，是掌權力的一群。持朱雀子爻，對新職的待遇，一定要求多多。酉金旬空，她對新職，沒有抱著太大期望。為什麼？看月建戌土來生，本屬不錯，卻構成一個不良組合「酉戌相穿」，它有很重的剝削色彩，可引伸為壓價。

★看應爻白虎官爻卯木，日辰寅木幫扶，來勢凶凶，又跟月建戌土相合化火剋世，她是一個有能耐和有自信心的人，哪會甘心就範，自降身價呢？

★因此，卦身附在青龍財爻亥水上，若新職不能滿足她的要求，她不會作出任何轉工的舉動。

★問轉工，暫時是沒法實現的。

事件背景：

有新職約見L小姐，她知道這職位的薪酬，比不上現職，便乾脆不應約。

《卦例3》

西曆:	2015	年	10	月	25	日
陰曆:	乙 未 年	丙 戌 月	甲 戌		日	

占問： June 占婚姻

得卦： 水天需（坤7）化 水山蹇（兌5）

卦身： 酉　　　　　旬空： 申、酉

卦爻	六獸	六親	卦象	飛神		伏神			變卦	後六親
上爻	玄	財	\\	子						
五爻	白	兄	\	戌						
四爻	蛇	子	\\	申	空					
			世							
三爻	勾	兄	\	辰						
二爻	朱	官	0	寅		巳	父		午	官
初爻	龍	財	0	子					辰	父
			應							

302

卦例分析

★占婚姻，以世應相合為吉。此卦世生應，便可知道，June 的付出，是比男方多。

★不論占姻緣或婚姻，爻辰要各守其位，女持財，男持官，最為恰當。此卦世坐四卦持申金子爻，得年月日生，力量不少，子爻剋官，便可引伸為對男方的不滿。不滿那一方面，便要追蹤官爻的去向。

★官爻坐二爻，持朱雀寅木，男為人談吐了得，自然吸引 June，再化長生父爻，許下非卿不娶的誓言，奈何時間一久，一個重動轉身，化作午火官爻，他又在花叢中流連，怎教她心安？

★從應位青龍財爻化青龍父爻，推斷是 June 提出結婚，辰土再被日月沖動，一切已在籌備中，婚一定結得成，只不過她心中的憂慮，能否放下而已。

事件背景：

　　June 跟男友是上司下屬關係，大家正籌備明年初結婚，近期，她發現男友在外跟其他女子尋開心，令她甚為不安，故有此占問。其實，男女相處，不可將對方管得太緊，越緊對方的反抗越大，只要大家多溝通，多包容，一切問題，自然可解。

《卦例 4》

西曆：	2015	年		02	月		05	日
陰曆：	甲	午	年	丁	丑	月	壬	子	日

占問：	余太太 占 生育 （已懷孕）

得卦：	雷火豐 （坎6) 化 火澤睽 （艮5)

卦身：	戌	旬空： 寅、卯

卦爻	六獸	六親	卦象	飛神	伏神		變卦	後六親	
上爻	白	官	X	戌 身			巳	父	
五爻	蛇	父	\\	申					
			世						
四爻	勾	財	\	午					
三爻	朱	兄	0	亥			丑	兄	
二爻	龍	官	X	丑			卯	官	空
			應						
初爻	玄	子	\	卯 空					

卦例分析

★問生育，以子爻為用神，它落在初爻，又見旬空，已知情況不妙。

★世持螣蛇父爻，月建來生，煩惱困擾不斷。其因何在？看應爻青龍官動，是喜慶之兆，懷孕當然是喜慶，但是，為何丑官化卯官，出現「回頭剋」的情況，化出卯木旬空，有失落的意象，若填實，又與日辰成「子卯刑」，又是另一個隱憂。

★卦身在上爻白虎官爻，白虎主破壞、缺陷，化白虎父爻，為喪服之剋應。

★整合整體卦象，便是胎兒發育不正常，導致流產或終止懷孕。建議余太太徹底檢查一次。

事件背景：

余太太懷有身孕，但胎兒不穩，占一卦了解情況，可是卦象並不理想。兩個月後，余太太來電，檢查報告出了，照片顯示，胎兒沒有左掌，與家人商量後決定終止懷孕。

《卦例5》

西曆:	2015	年	4	月	19	日
陰曆:	乙　未　年		庚　辰　月		乙　丑	日

占問:	瑩瑩 占 升學（能否被派到「廣大附高中」）

得卦:	水山蹇（兌5）化 水雷屯（坎3）

卦身:	酉　　　　　　旬空：　　戌、亥

卦爻	六獸	六親	卦象	飛神		伏神		變卦	後六親
上爻	玄	子	\\\\	子					
五爻	白	父	\\	戌	空				
四爻	蛇	兄	\\\\	申					
			世						
三爻	勾	兄	0	申				辰	官
二爻	朱	官	\\\\	午		卯	財		
初爻	龍	父	X	辰				子	兄
			應						

註：瑩瑩是廣州居民。

卦例分析

★問升學，世持螣蛇兄爻，日月生旺，兄爻越旺，阻礙力越大。

★兄爻重動，化辰土官爻，卻與應父爻辰土，成「辰辰自刑」，她所做一切，可能是白做吧！

★青龍父爻辰土值月，看起來，穩操勝券，但是，交動化子水兄爻，加強世持兄的阻隔力；而且，日辰來合-「子丑合」，合則不動，又帶合中刑特性，想入讀「廣大附高中」，她高估了自己的形勢了。

★卦身不上卦，進一步加強失敗的機會。

★按整支卦象的訊息反射，瑩瑩沒有機會被派到這間學校的。

事件背景:

　　瑩瑩母親回覆，她本來已打通所有關卡，一定能進入「廣大附高中」，想不到其後學校改變收生政策，令瑩瑩失望而回。

乾為天：乾宮五行屬金

乾為天〈乾1〉伏			天風姤〈乾2〉伏			天山遯〈乾3〉伏			天地否〈乾4〉伏		
父母	戌土	世	父母	戌土		父母	戌土		父母	戌土	應
兄弟	申金		兄弟	申金		兄弟	申金	應	兄弟	申金	身
官鬼	午火		官鬼	午火	身 應	官鬼	午火		官鬼	午火	
父母	辰土	應	兄弟	酉金		兄弟	申金		妻財	卯木	世
妻財	寅木		子孫	亥水	寅財	官鬼	午火	寅財 世	官鬼	巳火	
子孫	子水		父母	丑土	世	父母	辰土	子子	父母	未土	子子

風地觀〈乾5〉伏			山地剝〈乾6〉伏			火地晉〈乾7〉伏			火天大有〈乾8〉伏		
妻財	卯木		妻財	寅木		官鬼	巳火		官鬼	巳火	應
官鬼	巳火	申兄	子孫	子水	申兄 世	父母	未土		父母	未土	
父母	未土	世	父母	戌土	身	兄弟	酉金	世	兄弟	酉金	
妻財	卯木		妻財	卯木		妻財	卯木	身	父母	辰土	世
官鬼	巳火		官鬼	巳火	應	官鬼	巳火		妻財	寅木	身
父母	未土	子子 應	父母	未土		父母	未土	子子 應	子孫	子水	

坎為水：坎宮五行屬水

坎為水〈坎1〉伏				水澤節〈坎2〉伏				水雷屯〈坎3〉伏				水火既濟〈坎4〉伏			
兄弟	‖	子水		兄弟	‖	子水	身	兄弟	‖	子水		兄弟	‖	子水	
			世												應
官鬼		戌土		官鬼		戌土		官鬼		戌土		官鬼		戌土	
											應				
父母	‖	申金		父母	‖	申金		父母	‖	申金		父母	‖	申金	
							應								
妻財	‖	午火		官鬼	‖	丑土		官鬼		辰土	午財	兄弟		亥水	午財
			應												世
官鬼		辰土		子孫		卯木		子孫	‖	寅木		官鬼	‖	丑土	
											世				
子孫	‖	寅木		妻財		巳火		兄弟		子水		子孫		卯木	
							世								

澤火革〈坎5〉伏				雷火豐〈坎6〉伏				地火明夷〈坎7〉伏				地水師〈坎8〉伏			
官鬼	‖	未土		官鬼	‖	戌土	身	父母		酉金	身	父母	‖	酉金	
															應
父母		酉金		父母	‖	申金		兄弟	‖	亥水		兄弟	‖	亥水	
							世								
兄弟		亥水		妻財		午火		官鬼	‖	丑土		官鬼	‖	丑土	
			世												
兄弟		亥水	午財	兄弟		亥水		兄弟		亥水	午財	妻財	‖	午火	
															世
官鬼	‖	丑土		官鬼	‖	丑土		官鬼	‖	丑土		官鬼		辰土	
							應								
子孫		卯木	身	子孫		卯木		子孫		卯木		子孫	‖	寅木	
			應								應				

艮為山：艮宮五行屬土

艮為山〈艮1〉伏

官鬼	|	寅木	世
妻財	||	子水	
兄弟	||	戌土	
子孫	|	申金	應
父母	||	午火	
兄弟	||	辰土	

山火賁〈艮2〉伏

六親		地支	伏
官鬼	|	寅木	
妻財	||	子水	身
兄弟	||	戌土	應
妻財	|	亥水	申子
兄弟	||	丑土	午父
官鬼	|	卯木	世

山天大畜〈艮3〉伏

六親		地支	伏
官鬼	|	寅木	
妻財	||	子水	應
兄弟	||	戌土	
兄弟	|	辰土	申子
官鬼	|	寅木	午父（世）
妻財	|	子水	

山澤損〈艮4〉伏

六親		地支	伏
官鬼	|	寅木	應
妻財	|	子水	
兄弟	||	戌土	
兄弟	||	丑土	申子身（世）
官鬼	|	卯木	
父母	|	巳火	

火澤睽〈艮5〉伏

六親		地支	伏
父母	|	巳火	
兄弟	||	未土	子財
子孫	|	酉金	世
兄弟	||	丑土	
官鬼	|	卯木	身
父母	|	巳火	應

天澤履〈艮6〉伏

六親		地支	伏
兄弟	|	戌土	
子孫	|	申金	子財（世）
父母	|	午火	
兄弟	||	丑土	
官鬼	|	卯木	
父母	|	巳火	應

風澤中孚〈艮7〉伏

六親		地支	伏
官鬼	|	卯木	
父母	|	巳火	子財
兄弟	||	未土	世
兄弟	||	丑土	申子
官鬼	|	卯木	
父母	|	巳火	應

風山漸〈艮8〉伏

六親		地支	伏
官鬼	|	卯木	應
父母	|	巳火	子財
兄弟	||	未土	
子孫	|	申金	世
父母	||	午火	
兄弟	||	辰土	

震為雷：震宮五行屬木

震為雷〈震1〉伏

六親	爻	地支	伏神	世應
妻財	‖	戌土		世
官鬼	‖	申金		
子孫	|	午火		
妻財	‖	辰土		應
兄弟	‖	寅木		
父母	|	子水		

雷地豫〈震2〉伏

六親	爻	地支	伏神	世應身
妻財	‖	戌土		
官鬼	‖	申金		
子孫	|	午火		身 應
兄弟	‖	卯木		
子孫	‖	巳火		
妻財	‖	未土	子父	世

雷水解〈震3〉伏

六親	爻	地支	伏神	世應
妻財	‖	戌土		
官鬼	‖	申金		應
子孫	|	午火		
子孫	‖	午火		
妻財	|	辰土		世
兄弟	‖	寅木	子父	

雷風恒〈震4〉伏

六親	爻	地支	伏神	世應身
妻財	‖	戌土		應
官鬼	‖	申金		
子孫	|	午火		
官鬼	|	酉金		世
父母	|	亥水	寅兄身	
妻財	‖	丑土		

地風升〈震5〉伏

六親	爻	地支	伏神	世應身
官鬼	‖	酉金	身	
父母	‖	亥水		
妻財	‖	丑土	午子	世
官鬼	|	酉金	身	
父母	|	亥水	寅兄	
妻財	‖	丑土		應

水風井〈震6〉伏

父母	‖	子水		
妻財	|	戌土		世
官鬼	‖	申金	午子	
官鬼	|	酉金		
父母	|	亥水	寅兄	應
妻財	‖	丑土		

澤風大過〈震7〉伏

六親	爻	地支	伏神	世應
妻財	‖	未土		
官鬼	|	酉金		
父母	|	亥水	午子	世
官鬼	|	酉金		
父母	|	亥水	寅兄	
妻財	‖	丑土		應

澤雷隨〈震8〉伏

六親	爻	地支	伏神	世應
妻財	‖	未土		應
官鬼	|	酉金		
父母	|	亥水	午子	
妻財	‖	辰土		世
兄弟	‖	寅木		
父母	|	子水		

巽為風：巽宮五行屬木

巽為風 〈巽1〉伏

兄弟	|	卯木	世
子孫	|	巳火	身
妻財	||	未土	
官鬼	|	酉金	應
父母	|	亥水	
妻財	||	丑土	

風天小畜 〈巽2〉伏

六親	爻	干支	伏神	備註
兄弟	|	卯木		
子孫	|	巳火		
妻財	||	未土		應
妻財	|	辰土	酉官	
兄弟	|	寅木		
父母	|	子水		身 世

風火家人 〈巽3〉伏

六親	爻	干支	伏神	備註
兄弟	|	卯木		
子孫	|	巳火		應
妻財	||	未土		身
父母	|	亥水	酉官	
妻財	||	丑土		世
兄弟	|	卯木		

風雷益 〈巽4〉伏

六親	爻	干支	伏神	備註
兄弟	|	卯木		應
子孫	|	巳火		
妻財	||	未土		
妻財	||	辰土	酉官	世
兄弟	||	寅木		
父母	|	子水		

天雷无妄 〈巽5〉伏

妻財	|	戌土	
官鬼	|	申金	
子孫	|	午火	世
妻財	||	辰土	
兄弟	||	寅木	
父母	|	子水	應

火雷噬嗑 〈巽6〉伏

子孫	|	巳火	
妻財	||	未土	世
官鬼	|	酉金	
妻財	||	辰土	
兄弟	||	寅木	應
父母	|	子水	

山雷頤 〈巽7〉伏

六親	爻	干支	伏神	備註
兄弟	|	寅木		
父母	||	子水	巳子	
妻財	||	戌土		世
妻財	||	辰土	酉官	身
兄弟	||	寅木		
父母	|	子水		應

山風蠱 〈巽8〉伏

六親	爻	干支	伏神	備註
兄弟	|	寅木		身 應
父母	||	子水	巳子	
妻財	||	戌土		
官鬼	|	酉金		世
父母	|	亥水		
妻財	||	丑土		

增刪卜易之六爻古今分析

離為火：離宮五行屬火

離為火〈離1〉伏

六親	爻	地支五行	身世應
兄弟	|	巳火	身 世
子孫	||	未土	
妻財	|	酉金	
官鬼	|	亥水	應
子孫	||	丑土	
父母	|	卯木	

火山旅〈離2〉伏

六親	爻	地支五行	伏神	身世應
兄弟	|	巳火		
子孫	||	未土		
妻財	|	酉金		應
妻財	|	申金	亥官	
兄弟	||	午火		身
子孫	||	辰土	卯父	世

火風鼎〈離3〉伏

六親	爻	地支五行	伏神	身世應
兄弟	|	巳火		
子孫	||	未土		應
妻財	|	酉金		
妻財	|	酉金		
官鬼	|	亥水		世
子孫	||	丑土身	卯父	

火水未濟〈離4〉伏

六親	爻	地支五行	伏神	身世應
兄弟	|	巳火		應
子孫	||	未土		
妻財	|	酉金		
兄弟	||	午火	亥官	世
子孫	|	辰土		
父母	||	寅木		

山水蒙〈離5〉伏

六親	爻	地支五行	伏神	身世應
父母	|	寅木		
官鬼	||	子水		
子孫	||	戌土	酉財身	世
兄弟	||	午火		
子孫	|	辰土		
父母	||	寅木		應

風水渙〈離6〉伏

六親	爻	地支五行	伏神	身世應
父母	|	卯木		
兄弟	|	巳火		世
子孫	||	未土	酉財	
兄弟	||	午火	亥官	
子孫	|	辰土		身 應
父母	||	寅木		

天水訟〈離7〉伏

六親	爻	地支五行	伏神	身世應
子孫	|	戌土		
妻財	|	申金		
兄弟	|	午火		世
兄弟	||	午火	亥官	
子孫	|	辰土		
父母	||	寅木		應

天火同人〈離8〉伏

六親	爻	地支五行	身世應
子孫	|	戌土	應
妻財	|	申金	
兄弟	|	午火	
官鬼	|	亥水	世
子孫	||	丑土	
父母	|	卯木	

坤為地：坤宮五行屬土

坤為地〈坤1〉伏			地雷復〈坤2〉伏			地澤臨〈坤3〉伏			地天泰〈坤4〉伏		
子孫	‖ 酉金	世	子孫	‖ 酉金		子孫	‖ 酉金		子孫	‖ 酉金	應
妻財	‖ 亥水	身	妻財	‖ 亥水		妻財	‖ 亥水	應	妻財	‖ 亥水	
兄弟	‖ 丑土		兄弟	‖ 丑土	應	兄弟	‖ 丑土	身	兄弟	‖ 丑土	
官鬼	‖ 卯木	應	兄弟	‖ 辰土		兄弟	‖ 丑土	身	兄弟	｜ 辰土	世
父母	‖ 巳火		官鬼	‖ 寅木	巳父	官鬼	｜ 卯木	世	官鬼	｜ 寅木	身 巳父
兄弟	‖ 未土		妻財	｜ 子水	身 世	父母	｜ 巳火		妻財	｜ 子水	

雷天大壯〈坤5〉伏			澤天夬〈坤6〉伏			水天需〈坤7〉伏			水地比〈坤8〉伏		
兄弟	‖ 戌土		兄弟	‖ 未土		妻財	‖ 子水		妻財	‖ 子水	應
子孫	‖ 申金		子孫	｜ 酉金	世	兄弟	｜ 戌土		兄弟	｜ 戌土	
父母	｜ 午火	世	妻財	｜ 亥水		子孫	‖ 申金	世	子孫	‖ 申金	身
兄弟	｜ 辰土		兄弟	｜ 辰土	身	兄弟	｜ 辰土		官鬼	‖ 卯木	世
官鬼	｜ 寅木		官鬼	｜ 寅木	巳父	官鬼	｜ 寅木	巳父	父母	‖ 巳火	
妻財	｜ 子水	應	妻財	｜ 子水	應	妻財	｜ 子水	應	兄弟	‖ 未土	

增刪卜易之六爻古今分析

兌為澤：兌宮五行屬金

兌為澤〈兌1〉伏			澤水困〈兌2〉伏			澤地萃〈兌3〉伏			澤山咸〈兌4〉伏		
父母	‖	未土 世	父母	‖	未土	父母	‖	未土 身	父母	‖	未土 應
兄弟	│	酉金	兄弟	│	酉金	兄弟	│	酉金 應	兄弟	│	酉金
子孫	│	亥水 身	子孫	│	亥水 應	子孫	│	亥水	子孫	│	亥水
父母	‖	丑土 應	官鬼	‖	午火 身	妻財	‖	卯木	兄弟	│	申金 世
妻財	│	卯木	父母	│	辰土	官鬼	‖	巳火 世	官鬼	‖	午火 卯財
官鬼	│	巳火	妻財	‖	寅木 世	父母	‖	未土 身	父母	‖	辰土

水山蹇〈兌5〉伏			地山謙〈兌6〉伏			雷山小過〈兌7〉伏			雷澤歸妹〈兌8〉伏		
子孫	‖	子水	兄弟	‖	酉金	父母	‖	戌土	父母	‖	戌土 應
父母	│	戌土	子孫	‖	亥水 世	兄弟	‖	申金	兄弟	‖	申金 身
兄弟	‖	申金 世	父母	‖	丑土	官鬼	│	午火 亥子	官鬼	│	午火 亥子
兄弟	│	申金	兄弟	│	申金	兄弟	│	申金	父母	‖	丑土 世
官鬼	‖	午火 卯財	官鬼	‖	午火 卯財 應	官鬼	‖	午火 卯財身	妻財	│	卯木
父母	‖	辰土 應	父母	‖	辰土	父母	‖	辰土 應	官鬼	│	巳火

西曆:			年		月			日
陰曆:			年		月			日
占問:								
得卦:								
卦身:			旬空:					

卦爻	六獸	六親	卦象	飛神	伏神		變卦	後六親
上爻								
五爻								
四爻								
三爻								
二爻								
初爻								

增刪卜易之六爻古今分析

西曆:			年			月			日
陰曆:			年			月			日
占問:									
得卦:									
卦身:				旬空:					

卦爻	六獸	六親	卦象	飛神		伏神			變卦	後六親
上爻										
五爻										
四爻										
三爻										
二爻										
初爻										

心一堂當代術數文庫・占筮類

317

36	星命風水秘傳百日通	心一堂編	
37	命理大四字金前定	題【晉】鬼谷子王詡	源自元代算命術
38	命理斷語義理源深	心一堂編	稀見清代批命斷語及活套
39-40	文武星案	【明】陸位	失傳四百年《張果星宗》姊妹篇 千多星盤命例　研究命學必備

相術類

41	新相人學講義	【民國】楊叔和	失傳民初白話文相術書
42	手相學淺說	【民國】黃龍	民初中西結合手相學經典
43	大清相法	心一堂編	
44	相法易知	心一堂編	重現失傳經典相書
45	相法秘傳百日通	心一堂編	

堪輿類

46	靈城精義箋	【清】沈竹礽	
47	地理辨正抉要	【清】沈竹礽	
48	《玄空古義四種通釋》《地理疑義答問》合刊	沈瓞民	沈氏玄空遺珍 玄空風水必讀
49	《沈氏玄空吹虀室雜存》《玄空捷訣》合刊	【民國】申聽禪	
50	漢鏡齋堪輿小識	【民國】查國珍、沈瓞民	
51	堪輿一覽	【清】孫竹田	失傳已久的無常派玄空經典
52	章仲山挨星秘訣（修定版）	【清】章仲山	章仲山無常派玄空珍秘
53	臨穴指南	【清】章仲山	門內秘本首次公開
54	章仲山宅案附無常派玄空秘要	心一堂編	沈竹礽等大師尋覓一生未得之珍本！
55	地理辨正補	【清】朱小鶴	玄空六派蘇州派代表作
56	陽宅覺元氏新書	【清】元祝垚	簡易・有效・神驗之玄空陽宅法
57	地學鐵骨秘　附 吳師青藏命理大易數	【民國】吳師青	釋玄空廣東派地學之秘
58-61	四秘全書十二種（清刻原本）	【清】尹一勺	玄空湘楚派經典本來面目 有別於錯誤極多的坊本
62	地理辨正補註　附 元空秘旨　天元五歌　玄空精髓　心法秘訣等數種合刊	【民國】胡仲言	貫通易理、巒頭、三元、三合、天星、中醫
63	地理辨正自解	【清】李思白	公開玄空家「分率尺、工部尺、量天尺」之秘

64	許氏地理辨正釋義	【民國】許錦灝	民國易學名家黃元炳力薦
65	地理辨正天玉經內傳要訣圖解	【清】程懷榮	秘訣一語道破，圖文并茂
66	謝氏地理書	【民國】謝復	玄空體用兼備、深入淺出
67	論山水元運易理斷驗、三元氣運說附紫白訣等五種合刊	【宋】吳景鸞等	失傳古本《玄空秘旨》《紫白訣》
68	星卦奧義圖訣	【清】施安仁	三元玄空門內秘笈　清鈔孤本 過去均為必須守秘不能公開秘密 與今天流行飛星法不同
69	三元地學秘傳	【清】何文源	
70	三元玄空挨星四十八局圖說	心一堂編	
71	三元挨星秘訣仙傳	心一堂編	
72	三元地理正傳	心一堂編	
73	三元天心正運	心一堂編	
74	元空紫白陽宅秘旨	心一堂編	
75	玄空挨星秘圖　附 堪輿指迷	心一堂編	
76	姚氏地理辨正圖說　附 地理九星并挨星真訣全圖 秘傳河圖精義等數種合刊	【清】姚文田等	蓮池心法　玄空六法門內秘鈔本首次公開
77	元空法鑑批點本——附 法鑑口授訣要、秘傳玄空三鑑奧義匯鈔　合刊	【清】曾懷玉等	
78	元空法鑑心法	【清】曾懷玉等	
79	曾懷玉增批蔣徒傳天玉經補註【新修訂版原（彩）色本】	【清】項木林、曾懷玉	
80	地理學新義	【民國】俞仁宇撰	
81	地理辨正揭隱（足本）　附連城派秘鈔口訣	【民國】王邈達	揭開連城派風水之秘
82	趙連城傳地理秘訣附雪庵和尚字字金	【明】趙連城	
83	趙連城秘傳楊公地理真訣	【明】趙連城	
84	地理法門全書	仗溪子、芝罘子	巒頭風水，內容簡核、深入淺出
85	地理方外別傳	【清】熙齋上人	巒頭形勢、「望氣」「鑑神」
86	地理輯要	【清】余鵬	集地理經典之精要
87	地理秘珍	【清】錫九氏	巒頭、三合天星，圖文並茂
88	《羅經舉要》附《附三合天機秘訣》	【清】賈長吉	清鈔孤本羅經、三合訣法圖解
89-90	嚴陵張九儀增釋地理琢玉斧巒	【清】張九儀	清初三合風水名家張九儀經典清刻原本！
91	地學形勢摘要	心一堂編	形家秘鈔珍本
92	《平洋地理入門》《巒頭圖解》合刊	【清】盧崇台	平洋水法、形家秘本
93	《鑒水極玄經》《秘授水法》合刊	【唐】司馬頭陀、【清】鮑湘襟	千古之秘，不可妄傳匪人

94	平洋地理闡秘	心一堂編	雲間三元平洋形法秘鈔珍本
95	地經圖說	【清】余九皋	形勢理氣、精繪圖文
96	司馬頭陀地鉗	【唐】司馬頭陀	流傳極稀《地鉗》
97	欽天監地理醒世切要辨論	【清】欽天監	公開清代皇室御用風水真本

三式類

98-99	大六壬尋源二種	【清】張純照	六壬入門、占課指南
100	六壬教科六壬鑰	【民國】蔣問天	由淺入深，首尾悉備
101	壬課總訣	心一堂編	過去術家不外傳的珍稀六壬術秘鈔本
102	六壬秘斷	心一堂編	
103	大六壬類闡	心一堂編	
104	六壬秘笈——韋千里占卜講義	【民國】韋千里	六壬入門必備
105	壬學述古	【民國】曹仁麟	依法占之，「無不神驗」
106	奇門揭要	心一堂編	集「法奇門」、「術奇門」精要
107	奇門行軍要略	【清】劉文瀾	條理清晰、簡明易用
108	奇門大宗直旨	劉毗	天下孤本　首次公開
109	奇門三奇干支神應	馮繼明	
110	奇門仙機	題【漢】張子房	虛白廬藏本《秘藏遁甲天機》
111	奇門心法秘纂	題【漢】韓信（淮陰侯）	奇門不傳之秘　應驗如神
112	奇門廬中闡秘	題【三國】諸葛武候註	

選擇類

113-114	儀度六壬選日要訣	【清】張九儀	清初三合風水名家張九儀擇日秘傳
115	天元選擇辨正	【清】一園主人	釋蔣大鴻天元選擇法

其他類

116	述卜筮星相學	【民國】袁樹珊	民初二大命理家南袁北韋
117-120	中國歷代卜人傳	【民國】袁樹珊	南袁之術數經典